10年後、どんな親子関係でいたいですか？

# 子どもを育てる7つの原則

石田勝紀
Ishida Katsunori

大和書房

# はじめに

## 子育てノウハウばかり知っても、悩みが減らないのはなぜ？

私が教育の仕事を始めてから２０２４年で35年が経ちました。20歳で起業し学習塾を作ったのは１９８９年のことです。その後、東京の中高一貫私立学校の立て直しのため声をかけられて経営者になり、子どもを取り巻く中学受験の環境を知りました。たくさんの子どもたちを指導し、たくさんの保護者の方（多くはママさん）にお会いしてきました。

２０１６年からはMama Café《ママカフェ》というカフェスタイル勉強会を全国で主宰しています。美味しいスイーツとドリンクを囲みながら少人数でお話しする会なのですが、参加者累計が開始６年で１万人を超え、現在も毎年２０００件以上の個別相談にお答えしています。１万人のママさんと対面で一対一の質疑応答をしている教育関係者は、全国的に見ても極めて珍しいのではないでしょうか。

さらに２０２０年９月に始めた音声アプリVoicyでは「Mama Café ラジオ」という番組

名で、毎日親御さんからの質問、相談に回答しており、1万人を超える方々に日々聴いていただいています。

こうして生の声に接して感じたことは、**子育て・教育の基礎的考え方、アプローチ法がわからず悩んでいる親御さんたちがあまりにもたくさんいる**ということでした。

一方でママさんは大変だということもわかりました。日々、食事を作り、掃除をし、片付けや子育て、そして仕事でもしていれば、それこそスーパーウーマンです。これらを1年だけでなく、これからもずっと続けていくのです。イライラが出ない方が珍しいと言っても過言ではありません。

パパはパパでもちろん大変なので単純比較はできませんが、ママは別の意味でかなり辛い立場に置かれていると感じました。

ではなぜイライラが出てしまうのでしょうか。忙しいという理由もあるでしょうが、子育てや家庭教育の根本原則を知らないというのも一因かと思いました。**原則を知らないと、子どもを親の思い通りにさせようとして、「指示・命令・脅迫・説得」という4つの手段を使っていきます。**これらの手段を使うと事態が悪化するのですが、うまくいかないのでさ

**らに力業で説き伏せよう、やらせようとしてしまい、負のスパイラルという沼にハマっていきます。**

例えば、「うちの子は勉強しなさいと言っても全然やりません」という相談があります。これは「言えばますますやらなくなる」という根本原則を知らないために起こる現象です。さらにエスカレートすると子どもを潰してしまうこともあります。親は子どものことを思って言ったりやったりしているのに、潰してしまうというのはあまりにも残念なことです。

このように子育てや家庭教育で悩む親御さんは今年だけでなく、来年も再来年も数多く〝誕生〟します。子育てや家庭教育の原則を知ることなく親になり、感覚でなんとなく子育てをやっていくしかないのですから、それは無理もありません。

親のアプローチがたまたま子どもに適していた場合は問題が起こりませんが、そのような確率論的状況で子育てをするのはあまりにもリスクが高いと感じています。

## 親の願い、2つのコース

子どもが誕生したときに、健やかに元気で育ってほしいと多くの親御さんは思ったはずです。しかし、いつしか子どもに対する「しつけ」という名の「押し付け」が始まったり、「指示・命令・脅迫・説得」で子どもを誘導したりして、親の一方的な希望で子どもをコントロールすることがあります。はじめは〝生まれてくれてありがとう〟というスタートラインに立っていたのに、いったいいつから道が変わっていったのでしょうか。

これまで数多くの親御さんたちから聞いたエピソードから、２つのコースに分かれていることがわかりました。

### 親の思いを実現できる子にしたいというコース

**第1段階　健康であってほしい**

子どもが生まれ、「生まれてくれてありがとう」と感謝の気持ちが湧き出て、これからも健康に育ってほしいという願いを持ちます。

### 第2段階　他の子と同じ行動を取ってほしい

生まれてしばらくすると、平均値が気になるようになります。同年齢の子どもはどうなっているのか、その平均に照らして、そこから外れると心配になります。また、同年齢の子と同じ行動を取ることを望み、目立つことを避けるようになります。そのため、「子どもに規制をかける」「叱る・怒る」の頻度が増えていきます。

### 第3段階　生活習慣を整えたい

自律的な人にするために生活習慣を整えたいと思うようになります。確かに生活習慣は大切ではありますが、そのアプローチが子どもの特徴に合わせたものではなく、親の生活パターンに合わせてほしいという気持ちが強く出てくると、子どもは反発していきます。

### 第4段階　親が不安にならない成績を取ってほしい

勉強は小学1年生から始まり、その後12年間は続きます。その間、成績がつけられたり、入試があったりして、子どもの勉強について気になることがたくさん出てきます。しかし、勉強は子どものためにあるもので、親のためにあるわけではありません。成績が低迷することで子どもが悩むというのであればわかりますが、親が悩んでいるというのはベクトルの向きが異なっている状態にあります。

## 第5段階　親の期待する人生の方向に進んでもらいたい

もちろん、このような言葉を直接口にはしません。表向きは「子どもがやりたいことを自分で見つけ、それに邁進してほしい」と言います。しかし、親が子どもの進路にアドバイスをするのではなく、誘導したり、ひどい場合には親が一方的に進路を決めてしまうこともあります。

以上が「親の思いを実現できる子にしたいというコース」です。

このような5つの段階を経ていく途中で、通常、子どもは「反発、反抗」という形を取り、親の方向が違うことを暗に示してくれますが、それに気づかず力業で進めていくと、親子の信頼関係が崩れるだけでなく、憎悪の念さえ生じる場合があります。実際、私の元には以上の5段階で育てられ、大人になっても親を恨んでいるという相談もたびたび来ます。

では、どのようなコースであれば子どもが伸び伸びと自主的に育っていくでしょうか。それは、「子どもが自分らしい人生を送ることをサポートしていくコース」です。

## 子どもが自分らしい人生を送ることをサポートしていくコース

### 第1段階　健康であってほしい

第1段階は先ほどと同じです。子どもが生まれたとき、親がこのような願いを持つことは共通しています。

### 第2段階　周囲に迷惑にならない範囲で自由に楽しませたい

周囲に迷惑がかかりすぎることは抑制しますが、子どものやりたいことや望むことを可能な範囲で楽しませる環境を作ります。もちろん、子どもの言うなりになっているわけではありません。どうしても難しいときは子どもに諭すように話をしていきます。しかし、基本的には親のやらせたいことよりも子どもがやりたいことを優先しています。

### 第3段階　子どもの心を動かして生活習慣を整えたい

生活習慣は確かに大切です。しかし、しつけという名の下に一方的に親が強制、脅迫しながらやるものではなく、子どもの心を動かしていきます。例えば、朝自分で起きられないのであれば、「○時だから起きなさい！」と言うよりも、子どもの好きな朝ご飯を用意し、「○○ができたよ～」と言うと自主的に起きることがよくあります。また、歯磨きや宿題などルーチンでやるものは、ポイント制やシールを使って自分のタスクを「見える化」することで自主的に動くこともあります。

いずれにしても、子どもがやりたい、やってみたいという気持ちになることで、一定期間経つと習慣化されるという方法です。その根底には、「子どもの心の状態」を親がよく観ているということがあります。

### 第4段階　子どもの長所を伸ばしたい

子どもの短所を是正するよりもまず、長所を伸ばしたいと思います。子どもの長所をさらに伸ばしていくと、短所を自分で是正するようになることを知っているからです。

仮に子どもが短所を是正しなくても、長所がさらに伸びることで自己肯定感が上がるため、自主的に行動する可能性が高まります。

## 第5段階　子どもが自分で選択し判断したことを応援したい

子どもの進路を考える際、親がサポーターであることが子どもにとって望ましいと知っています。しかし子どもが自分で選択し判断するためには、選択肢が必要です。子どもの経験だけでは選択肢の範囲が狭い場合もあります。そのときは、親から見た子どもの特徴や長所に基づき、選択肢を示すことはあります。しかし、どの道に進むか決めるのは子ども自身であり、親はそれを応援するスタンスを取ります。

以上が「子どもに自分らしい人生を送ってほしい」と願う親が取るコースです。子どもが生まれたときは同じ欲求であったものが、子どもの成長と共に徐々に欲求のルートが変わっていきます。5段階目に至っては完全に反対向きの結果となっています。では、これらはなぜ2つに分かれてしまったのでしょうか。

Mama Caféや数多くの質問を通じて、日常生活でのリアルな子育てシーンをつぶさに知ることでわかったのが次のことです。

**子育てに必要なのは、ノウハウを知ることではなく、**
**「そもそもの考え方を知る」ことである。**

世の中には子育てのノウハウが書かれた本がたくさんありますが、それらの方法、ノウハウを生み出す原点となる**「原則」**があるのです。メディアの情報が大量に流通していて、正しい／正しくないという判断が難しい状況の中で子育てする親御さんたちは、まずその原則を知ることが必要不可欠だと感じています。

現代社会は、多様化が進み子どもの性質も親の考えもバラバラなため、枝葉であるノウハウだけでは限界があります。自分の子どもに適合するノウハウに出合う確率は高くないことでしょう。

例えば、「褒めることが大切」と書かれている本もあれば、「褒めてはいけない」と書かれている本もあります。相反する情報を受け取ると混乱してしまうと、実際に親御さんた

根本である原則を知るのが大事

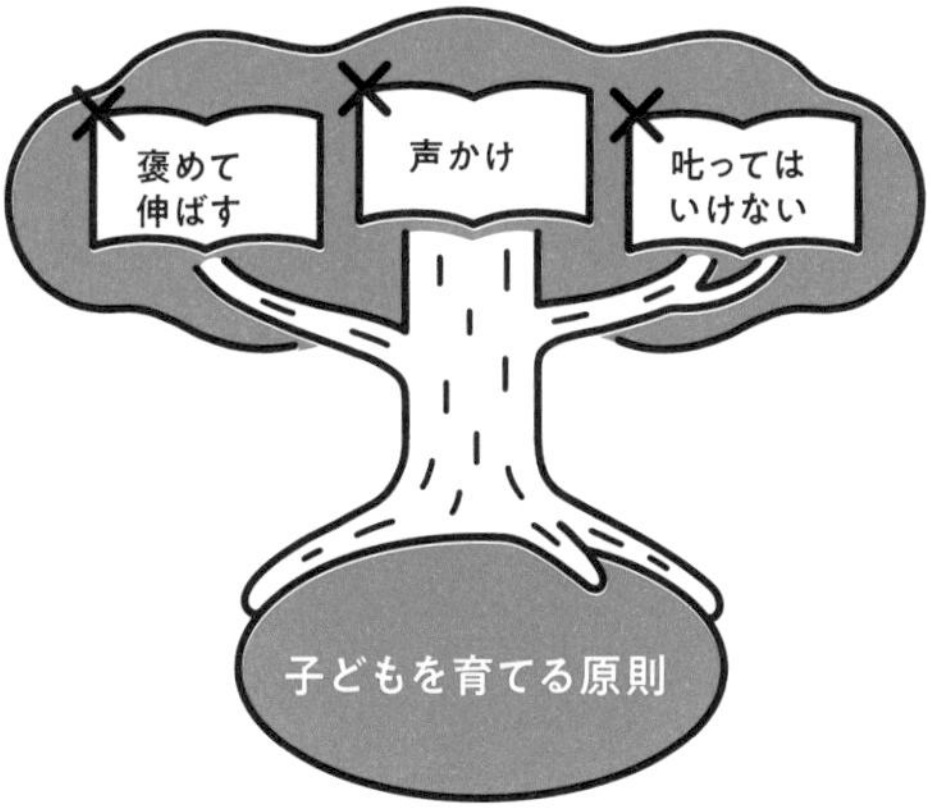


ちから聞いています。現実的には「ケース・バイ・ケースでの対応」が正しいのですが、ではケース・バイ・ケースで判断できるためには何が必要か？　というと、それが「子育てに対する考え方」、つまり「子育ての根本原則」なのです。それを知ることができれば、

親の考え方が変わる

←

親の行動と声かけが、自然と変わる
（自分の子どもに合ったノウハウがわかる）

←

子どもの心が変わる

←

子どもの行動が変わる

という流れができあがります。

本書は、子どもが生まれたらまずはじめに手にしてもらいたい本ですが、現在子育て中で思い通りにいかないと悩まれている方、日々イライラが募る方にも適しています。困ったことがあったら原点に立ち戻って対応方法を変えてみてください。その日から良い方向に転換します。

大切なことなのでもう一度言いますが、本書は世の中に多数ある子育てノウハウ本ではありません。その子に合ったノウハウが自然と湧き出てくるのに必要な「考え方」と「原則」を知る本です。

**子育て・教育に関する7つの基本原則さえ押さえておけば、後は自分でその子に合ったアプローチを引き出すことができる**と考えているからです。

子育ては確かに大変です。しかし親も成長しつつ、子育てを楽しみながら生活することもできます。考え方ひとつで今すぐにでも変えることができるのです。

これから、「原則の前に」に続いて7つの原則をそれぞれ説明していきます。書かれている内容をすべて実践しなくても、今、心に響くことを1つか2つ実践してみるくらいで大丈夫です。「これはできそう！」と思えることだけを取り入れ、ぜひ楽しみながら読み進めていってください。

## もくじ



# 第1原則

# 子育てには正解はなく、その子に合ったアプローチがあるだけ

1 宿題に取りかかるのに時間がかかり、問題を解くのも遅い子にイライラして、「早くしなさい」と言ってしまいます。

2 中学受験はした方がいいのでしょうか？周りに受験させるご家庭が多く、気になってしまいます。

3 勉強ができない子の将来が心配になります。大学に行けるのか、ちゃんと就職できるのかと考えて、心が暗くなってしまいます。

## 第2原則

# 子どもの行動を変える前に、子どもの心を変える

## 第5原則

# どうすれば子どもが良くなるかではなく、「楽しくなるか」

## 第6原則

# 今日という日の子どもには二度と会えない

## 原則の前に

# 子育ては、植物を育てるように考えよう

この本を手に取られている方は、これまでどのような教育を受けてこられたでしょうか？私は昭和43年生まれで、どっぷり昭和の教育を受けてきました。何の疑問も持たずに。考えるとはどういうことかも知らずに成人しましたが、それでも何とかなってしまう時代でした。かつては知識のインプット量が重視されていたからです。

しかし、２０２０年から大きく変わった学習指導要領（文部科学省が定める教育のガイドライン）では、「知識・技能」以外に「思考力・判断力・表現力」と「学びに向かう力・人間性」がクローズアップされ、大学入試、高校入試、中学入試はかつての問題とは全く異なる問題群となりました。

このようなアップデートされた情報を知らずに、自分が受けてきた教育が今も続いていると思ったら大きな勘違いをしてしまいます。例えば、公立高校の入試では、都道府県によっ

て違いがありますが、私が高校受験した頃は倍率が1・05倍、1・01倍など、ほとんど不合格者がいないように事前に人数調整されていました。しかし、今は1・5倍、2倍と公立高校の受験で大量の不合格者が出る事態になっているところもあります。それを知らずに、親が自分の過去の経験を元に子どもにアドバイスをしてしまい、悲劇を見ることもあります。

しかし一方で、教育の情報を集めればいいというものでもありません。集めすぎることで、心配・不安・焦りが出てしまうというデメリットもあります。大切なことは、**「自分の頃と今とでは教育が変わっているという事実を知ること」**だと私は考えています。

今、10歳の子が大学受験をするのは8年後です。今から8年後の世の中が、今と同じであるとは到底考えられません。さらに、その子が就職する頃には、今の人気企業が消滅している可能性もあれば、今はまだ存在していない企業が活躍している可能性もあります。

例えば、今から8年前を考えてみましょう。自分の年齢から8を引いた年はどのような年だったかと考えてみてください。たった8年で、世の中がずいぶん変わったと実感できると思います。ですから、**今の情報を基準に子どもの将来を考えてしまうと、見誤る可能性もあるのです。**

さらに今の子どもたちはデジタルネイティブ世代であり、生まれてすぐから親がスマホを持っている姿を見て育ち、子ども時代は高度なゲームで遊ぶ世代です。生き方が多様化し、新しい職業が次々生まれてくるこの時代に、もはや親世代はついていくのがやっとという状況です。

そうなると、どのように子育てしていけばいいのか、どうやって子どもの才能や能力を伸ばしていけばいいのか、ますます迷うことになります。

複雑な時代に必要なことは、「シンプルに考えること」です。シンプルに考えると迷いがなくなるからです。

ここでは子育てを植物の成長に例えて説明します。この例えはイメージしやすく、また日常生活で植物を見る度に子育てのイメージを想起できるというメリットがあります。

## その子が「持って生まれたもの」に目を向ける

植物には様々な種があります。見かけは同じような種でも、違う色の花が咲いたり、花が咲く時季が異なったりします。

例えば、朝顔と昼顔は見かけが同じような種でもDNAが異なるため、全く同じようには咲きません。朝に咲いてほしいと昼顔に願っても、無理という話です。DNAにそのようにプログラミングされていないからです。

あるいはヒマワリのように大きな黄色い花が咲いてほしいと思って種を植えて育てたら、タンポポだったとします。もっと大きな花を咲かせたいと思って、水をやり、肥料をやっても、ヒマワリのような花は咲きません。元々DNAにはタンポポが咲くように仕組まれているからです。

では、ここでひとつ質問です。

「果たしてヒマワリの方がいいのでしょうか？　ヒマワリの方が高く評価されるのでしょうか？　タンポポではダメなのでしょうか？」

大きい花が良いという尺度があればタンポポよりヒマワリが優れているかもしれません。しかしそのような基準は自然界にはありません。タンポポはヒマワリを羨ましがったりせず、タンポポはタンポポとして、しっかりと咲いているのです。

これはまるで子どもたちを見ているかのようです。活発に動き回る子、おとなしく本を読んでいる子、友達とおしゃべりを楽しむ子、じっと虫を見ている子、絵が好きでずっと描いている子。すべての子が独自の〝花〟を咲かせています。どの子が良くて、どの子が悪いという基準はありません。

しかし、小学生になり、学校という組織の中で生活するようになると、「基準」が作られます。一番わかりやすい基準が学力を測定する「偏差値」です。また、学校の成績表も「基準」です。つまり、勉強ができるかできないか、先生に言われた通りしっかりとやっているかいないか、という基準によって子どもたちが〝測定〟されます。

この「基準」に合わせるように親や先生は子どもたちを〝修正〟していきます。植物で言えば、タンポポに対して、ヒマワリの花が咲くように無理やり水を吸わせ、芽を引っ張り出したり、光をたくさん当てたりして、もっともっと成長するように刺激を与えるようなことをします。

子育てをこのように考え、実践していくと、必ず子どもはある反応を示します。親に反抗したり、反発したりするという反応です。反抗や反発がない場合は、上手に子どもに沿ったアプローチができているかもしれませんが、子どもが自分らしさを抑えて親に言われた通りにやっているだけかもしれません。後者だと、自分らしさが演出できないためストレスが外（体）に出たり、内（心）に出たりすることがあります。それは、**子どもがおかしいのではなく、親の子どもへの対応に問題があるのです。**それに気づく親御さんはまだいいのですが、気づかないまま子どもに問題があると考えてしまう人もいます。

子どもは植物に似ているとイメージしておくと、そのようなことを避けることができます。

さて、ここから本格的な説明です。

**「子どもにはその子固有の才能、能力が〝必ず〟プログラミングされている」**と私はいつもお話ししています。**親がやることは、その芽が出る条件と育つ環境を作るだけ**だと。これが子育てのプロセスです。

植物には、芽が出るための、発芽3条件があります。小学校の理科で勉強する内容です。それは、「水」「空気（酸素）」「適度な温度」の3つです（実際はレタスなど、発芽に光が必要な「好光性種子」があるため光が入る場合もありますが、通常光は不要とされます）。

しかし、「光」がなくても発芽はしますが、光合成ができないとその後、成長はできません。モヤシみたいにヒョロヒョロの植物になります。「光」が当たることで、光合成が始まり、ぐんぐん伸びていきます。これを「自立」と言います。そして、もともと種に〝仕組まれた〟ＤＮＡという設計図通りに〝固有の花〟を咲かせていきます。

## 子どもの才能が芽を出す３条件

これを子育てに置き換えると、次のようになります。

子どもの才能（種）は皆違います。似ているようでいて皆異なっています。兄弟姉妹や一卵性双生児でも異なっています。〝仕組まれた〟ＤＮＡが完全に一致することはないからです。

そして、その仕組まれた才能が〝発芽〟するには次の３つの条件が必要です。

### 条件１　食べ物（植物でいう「水」に相当）

食べ物や水など、生きていく上で必要な栄養です。適切な食事を取ることは当然必要でしょう。適切な食事とは、体に悪いものは避け、栄養のバランスをある程度考えた食事です。

食事のリズムも大切です。

### 条件2　家庭内の安定した雰囲気（植物でいう「空気」に相当）

植物は空気（酸素）がないと発芽しません。人間にももちろん空気は必要ですが、才能の〝発芽〟という意味では、家庭内の安定した雰囲気がそれにあたります。

家庭内が不和であったり夫婦喧嘩が絶えなかったりしたら、安定感や安心感のある雰囲気を子どもは感じられません。少々の諍《いさか》いやトラブルはあっても問題ありませんが、頻繁な状態だと雰囲気が悪く、まるで酸素が少ない環境で育つ植物と同じような状況になります。

### 条件3　適度な愛情（植物でいう「適度な温度」に相当）

子どもに対して愛情のない親はほとんどいないとは思います。しかし愛情と一口に言っても温度差があります。植物の場合、温度が高すぎても低すぎても一般的に発芽はせず、適度な温度が必要と言われています。ということは、愛情も強すぎたり弱すぎたりしては、才能の芽は出ないということになります。適度な愛情が理想的と考えられます。

親は自分の愛情の強弱を客観視することは難しいかもしれません。そのようなときはパートナーから意見を聞いたり、子どもの反応を見てみたりします。

例えば、やけに親にわがままを言ってくる子や親に悪態をつく子どもは、愛情が足りていないと本人が感じている可能性があります。一方、親の要求を拒絶する子どもの場合は、親が強すぎる愛情から「子どもをなんとかしなければ」と義務感を持ち、過度な期待をかけたり要求をしたりしているかもしれません。このように、子どもの状態が親の愛情の鏡という捉え方もあります。

ただし、神経質になる必要はありません。何か気になるのであれば、今までと少し異なった対応をしてみるといいと思います。すると子どもの反応が変わっていきます。子ども自身も日々成長しているので、親の対応が成長していくと子どももそれに順応していきます。

## 才能の発芽

さて、これら3つの条件によって子どもの才能や能力の〝発芽〟が始まります。**発芽とは、子どもが何かに夢中になっていたり、食事をするのも忘れて没頭したりしている状態。**そのときはまさにこの〝発芽〟状態にあると考えていいでしょう。もちろん四六時中そのような状態にはなりません。比較的そのようなことが自由にできる状況があるということは発芽状態にあると思っていいでしょう。

ただし、この〝芽〟は勉強（英数国理社）の才能とは限らないのです。ここで親御さん側に大きな勘違いが始まることがあります。どうしても、子どもは勉強ができるかできないかで評価をされてしまうことが多いため、勉強ができないのは、「親である私の責任」と考え、最初に出ている才能の芽である〝双葉〟が勉強分野と異なっている場合、それに気づかず、別の芽を出そうと〝種〟をいじってしまうということがあるのです。

はじめに発芽するのは、子どもの興味関心分野です。その芽が大きくなって別の枝葉を出していきます。その中に「勉強の分野」が入っていたりします。ですから、焦って勉強ができる子にすることを考えない方がいいでしょう。徐々に枝を伸ばしていくからです。

ただ、枝を伸ばしていくためには、必要なことがあります。それが「光合成」です。

発芽した種は双葉を出し、その後「光」の力によって〝自ら〟光合成を行い、枝葉をぐんぐん伸ばしていくのです。そして種に内蔵されたＤＮＡに従って自分らしい「花」を咲かせていくのです。ですから、子どもが発芽したら、その後、親は「光」を当てていきさえすればいいのです。

では、才能を伸ばすために必要な「光」とは何でしょうか。

それは、**「子どもの自己肯定感を引き上げる言葉」**であると私は考えています。

**【承認の言葉】**すごいね！　さすがだね！　いいね！
**【感心の言葉】**なるほど！　知らなかった！
**【感謝の言葉】**嬉しい！　助かった！　ありがとう！
**【安心の言葉】**大丈夫！
**【指摘の言葉】**〇〇（子どもの名前）らしくないね～

＊詳細な説明は拙著『子どもの自己肯定感を高める10の魔法のことば』（集英社）をご覧ください。

これらの言葉は、「その子の良さを肯定してあげる言葉」です。「光」を浴びたその才能は、光合成を始め、茎を伸ばし枝分かれして、さらに多くの葉が出てきます。これを「才能の分化」と私は呼んでいます。ちょうど、昆虫にハマった子どもが、その後、生物全体に興味が出たり、世界中の昆虫への関心から地理に興味が出たり、昆虫関係の本から国語力が発達していったりするのと同じです。

人は、自分では長所を認識できません。当たり前にできてしまっているからです。そして才能や能力はその長所に入っていると言われています。その「当たり前にできてしまっている長所をさらに引き上げることがはじめに行うことであって、短所是正が先ではない」のです。才能が発芽し、枝葉が伸びていけば、本人が自覚している短所を自ら是正する心の余裕が生まれていきます。

以上をまとめると次のようになります。

**一人ひとり異なった才能・能力を持つ子どもの種を〝発芽〟させ、**
**さらに自ら伸びていくための「自己肯定感を高める言葉」という〝光〟を当てることで**
**その子らしい〝花〟を咲かせていくことでしょう。**

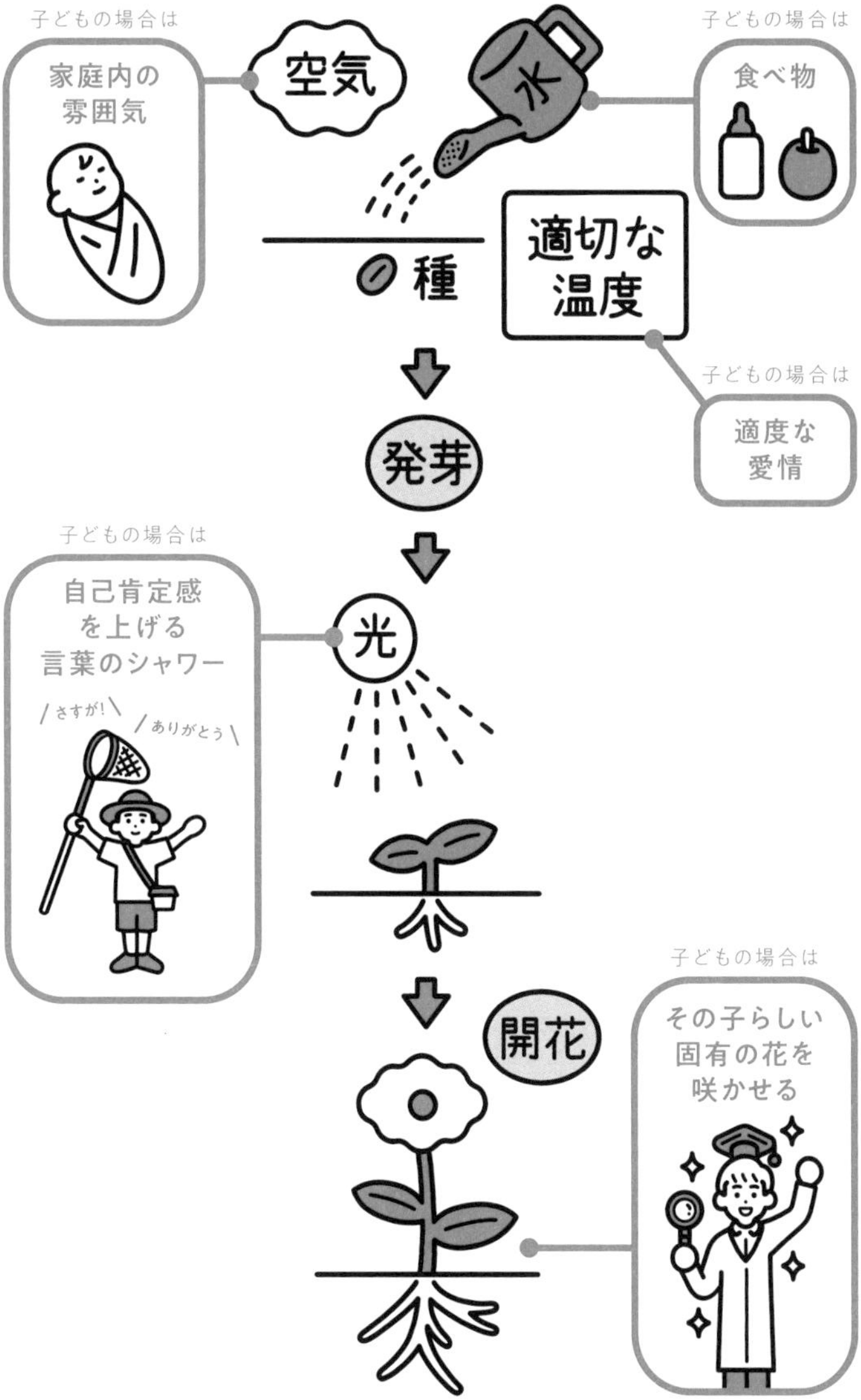
子どもの場合は
家庭内の
雰囲気
空気
水
子どもの場合は
食べ物
種
適切な
温度
子どもの場合は
適度な
愛情
発芽
子どもの場合は
自己肯定感
を上げる
言葉のシャワー
さすが!
ありがとう
光
開花
子どもの場合は
その子らしい
固有の花を
咲かせる

# 第1原則

## 子育てには正解はなく、
## その子に合った
## アプローチがあるだけ

## 子育てに絶対的正解は存在しません

**第1原則は【子育てには正解はなく、その子に合ったアプローチがあるだけ】**です。なぜこれが第1原則かと言いますと、最も重要だからです。

「はじめに」にも書きましたが、世の中には子育てに関するノウハウ本があふれています。親御さんたちはそれらをまるで教科書のように受け取り、子育てには正解が必ずあり、その正解以外には価値がないと思ってしまうわけです。

私たちは物心ついてからずっと教育を受けてきました。家庭や地域、習い事での教育もありますが、毎日通った学校教育の影響は少なくありません。学校教育、つまり勉強の世界では、必ず正解が存在します。算数・数学など数式を解いて答えを出す科目のほかにも理科、社会、国語の漢字や作品名など知識の場合も正解が存在します。

しかし、学校を離れ世の中に出ると、正解がないことばかりで、場合によっては正解を自分で創り出す必要があるときもあります。正解がないにもかかわらず、学校教育で刷り込まれた「正解主義」によって、いつしか正解がない問いに対しても正解を求めていってしまうことがあるのです。

その代表例が子育てです。「どうすれば子どもは親の言うことを聞いてくれるのか」「どうすれば勉強する子になるのか」「どうすれば言われなくても自主的に行動できるようになるのか」など、親は唯一の正解を求めてさまよいます。

ですが、**子どもの性格、才能、特徴、家庭内環境、親の特徴、性格などが複雑に絡み合って今があるわけであり、しかも時間とともに子どもは変化していくので、そう単純に「〇〇すると変わります」とは言えません。**

ですから、私が主宰するMama Caféでも、ママさんからの質問に回答する際、現在の状況について可能な限り詳しく聞いていきます。もちろんママさんがどのようなタイプかも推察します。タイプがわかると家庭でどのように子どもに接しているか大方予想がつくからです。そこまで詳しくわからないと、本当の意味で、その子に合ったアプローチは提示できません。

そして、このようにして得られた情報はひとつとして同じものはなく、傾向が似ていることはあっても全く同じ状況の子どもは一人としていません。ですから、数学のように絶対的解答があるのではなく、それぞれの子どもに合った「より適切なアプローチ」が存在するだけなのです。そうなると、ノウハウ本に書いてある方法を実践しても当たる確率は高くないということになります。子どもの特徴が十人十色なうえに、対応する親の特徴も十人十色なのですから。

とはいえ、それらの方法が全く無意味とは私は思いません。アプローチが様々あると言われても、具体的に何をしたらいいかわからない場合に、**選択肢のひとつとして受け取ることには意味があります。**選択肢のひとつではなく絶対的正解と受け取ってしまうと、その方法に固執し、うまくいかないと子どもの問題にしたり、親ができない自分を嘆き、罪悪感や劣等感を持ち、自己肯定感が大きく下がってしまうこともあるということです。

先ほどもお話ししたように、方法というのは当たる確率は低いのです。当たる確率が低いものの代表に「宝くじ」があります。宝くじが当たらなくても、「この宝くじはおかしい！」とか「当たらない私ってダメ人間だわ」と嘆くことはありませんね。それと同じ感覚で、いくつも方法が提示されている場合は、子どもに合いそうなものから順番に試してみるようにされていくといいと思います。何種類もある漬物を買うのに、いくつかを試食して一番美味しいと思うものを買いますよね。その感覚に似ています。

心理学もそうです。「心理学では……」と前置きされてから言われると、絶対的に正しいような錯覚に囚われます。しかし、心理学と言っても万能ではありません。極端な話、何十年も前の外国のある一部の人を対象に行われた実験結果によって作られた〝エビデンス〟が現代日本で暮らす自分の子に当てはまるのか？　という問題もあります。心理学はあくまでも傾向であり、絶対視することは危険であると思いますし、心理学者の方もそのようにおっしゃっています。

ですから、私も極力注意して、「あくまでも一般的傾向であり、それが全員に当てはまることはないのでそのように受け取ってください」「選択肢のひとつとして○○という方法もある」とお伝えします。そうしないと、「石田先生が言ったことは絶対正しい」と受け取られかねないからです。

書籍や記事を読んだり、専門家の先生から話を聞くときに注意することは、あくまでも選択肢のひとつを知ったという程度で受け取るということです。

## 子育てに「～しなければならない」「～してはならない」はありません

たびたび相談される内容に、次のようなものがあります。

「本に『○○しなければならない、○○してはならない』と書いてあったのですが、その通りやってもうまくいきません」

果たして本当にそう書いてあったのかどうか疑わしいですが、少なくとも、子育てにおいては「○○しなければならない」「○○してはならない」は存在しないと私は考えています。

例えば、「子どもは褒めなければならない」と書いてあったとします（おそらく実際は「子どもは褒めて伸ばす」という表記だと思われますが）。それを読んだ親御さんは言葉の通り受け取り、「〝いつも〟褒めなければならない」「褒める場面でなくても褒めなければならない」と曲解することがあります。

また「子どもを怒ってはならない」と書いてあると「〝絶対に〟子どもを怒ってはいけない」と解釈して、自分を縛ってしまうこともあります。

ここで大切なことは、「本当に子育てで○○しなければならない、○○してはならないということがあるのだろうか？」という疑問を持つことです。

試験で「絶対」「すべて」「ねばならない」といった言葉が入った選択肢は誤りである、と学生時代に聞いたことがあるかもしれませんが、実社会でも、これらの言葉が入ったフレーズには要注意です。

**子育ては、ケース・バイ・ケースです。**

つまり、褒めることもあれば、褒めないこともあり、怒ることもあれば、怒らないこともあるということです。ですから、どのような場面でどのように対応したらいいのかという判断基準を知っておくことが大切になるわけです。

## 「平均」「常識」という言葉の罠――特性のある子、不登校

妊娠すると母子手帳を手にします。そこには身体発育曲線や年齢ごとの平均的な発達の様子が書かれています。するとどうしても自分の子どもと比較すると思います。平均ラインに乗っていれば安心し、外れていると少し不安になったりします。

また、ネットで検索すれば膨大な数の情報が出てきます。そこに書かれている内容は専門的なことから個人の意見まで、またフェイクも交じっています。しかし、見ているうちに書かれていることが常識であると勘違いしてしまう人もいます。

このように平均、常識という呪縛が始まり、いつしかそこから外れていることは悪いことだから正さないといけないと焦りの気持ちが出てきます。しかし、よくよく考えてみると、平均とはすべてのデータを足し算して、データ数で割ると出てくる数字です。例えば

４人のテストの点数が50、50、50、50だとします。するとこの４人の平均点は（50＋50＋50＋50）÷４＝50。平均は50点です。

では４人の点数が０、０、１００、１００だとしたらどうでしょうか。（０＋０＋１００＋１００）÷４＝50。これも平均は50点です。50点を取った人が１人もいないのに平均としては50点となります。このように、実態としては平均値の人が存在しないにもかかわらず、平均でないと心配になるというのはよく起こる現象です。

また、常識という言葉も怪しい言葉です。道徳的、倫理的に考えることは大切ですが、ときに親は世間の見えない空気感を常識と勘違いすることがあります。例えば、中学受験。特に首都圏では中学受験が盛んであるように見えます。マスコミでも取り上げられますし、塾の宣伝等を目にすると、中学受験することが当然のような空気が流れています。しかし実態を調べてみると、日本全体で最も受験率および私立中学に進学する割合が高い東京都ですら、20パーセントです。つまり、**東京都の80パーセントの小6は公立中学に進学している**ということです。中央区、港区は50パーセント近い数字を出していますが、全体では20パーセント程度なのです。ついで、高知県が13パーセント、大阪府や神奈川県では

11パーセント程度であり、全国平均では7・7パーセント。**全国の10人に9人以上が公立中学に進学しています。**肌感覚とは異なるような印象があります。

もうひとつ事例をあげておきましょう。高齢者が運転する車の事故が多いという印象を持っていませんか。しかし、実際は若者の運転する事故件数の方が圧倒的に多いということが統計データで出ています。また若年者による凶悪事件の件数も年々増えているのではと思う人もいるかもしれませんが、実際は大幅に減っています。このように、自分が認知していることが事実とは異なる「認知バイアス」はたくさんあります。

## 世間の空気感より大切なこと

子育てにおいても同じです。周囲のお友達と異なるからという理由で我が子を心配することがあります。

例えば、我が子が友達と外で遊ばないことを心配するケースです。子どもが遊びたいと思っていないのだから心配する必要は一切ないのですが、「もっと外で遊んでおいで」とか「友達と遊ぶ約束とかないの？」など余計なことを子どもに言ってしまう場合もあるようです。これは子どもから見たら大きなお世話なのですが、親は「○歳ぐらいの子は外で遊ぶもの」という〝常識〟にハマってしまっている典型例です。

Mama Caféでも平均、常識に関わる相談がたびたびあります。不登校や発達障がい（グレーゾーン含め）の相談です。割合はかなり高く、5人のうち1人あるいは2人がそれらの相談であるときもあります。

不登校については、近年増加の一途を辿っており、特に2020年から2023年のコロナ禍で急増しました。少子化にもかかわらず不登校者数が増えているということは、相当の割合となっているということです。**不登校は子どもには一ミリも問題はなく、現代の学校教育システムが子どもたちに合っていないという問題である**と私は考えています。もちろん、学校に行くのが本来の姿であるので、そこから外れていることで心配になるのは当然のことです。

親世代が子どもの頃はそのような状況ではなかったため、どうしても不登校を受け入れることができず、社会のはみ出し者になってしまうのではないかと強い不安感を抱く人もいます。しかし、学校に行くことが常識である一方で、行かない選択もありということが徐々に〝新しい常識〟へと変わってきています。

発達に特性がある子の相談もたくさんあります。私は、発達障がいという概念を好まないため、便宜上、説明の際にわかりやすいためその言葉を使うことがありますが、通常は使いません。なぜなら、発達特性は誰にでもあると考えているからです。その特性の幅が広いか狭いかの違いがあり、狭ければ世間の常識内、平均内に収まりますが、そうでなければはみ出ているように見えるというだけの話だと思っています。つまり、**その子の特性に合わせて対応すればいいだけであり、無理に平均や常識という枠の中に閉じ込めようとすることは、その子にとって良いことではない**のです。

もしかしたら平均、常識の枠に入っている子も、無理して枠に入っているだけかもしれません。そうするとやがてストレスが溜まり、それを解放できないと、いずれどこかで歪みが出ることもあります。

本来、どのような子も平均という枠には収まらず、その子らしい生き方、あり方をしていくことが大切です。その中で、子どもが知らないことは教えてあげます。時には今の常識について話をすることもあるでしょう。しかし、本人が常識通りにやるかどうかはケース・バイ・ケースだと思います。

平均とか常識という言葉は、参考にすることはあっても、それに必ず従わなければならないというものではありません。**世間が作った空気感に子どもを合わせると考えるよりも、その子にとって何が望ましいのか、何が成長につながるのかという視点で子育てをされるとよいかと思います。**

## 本やネットで情報を得るときのポイント

子育てに関心がある人、心配事がある人はネットで情報を頻繁に検索したり、書籍を多数読んだりすると思います。そのように調べることは悪いことではありません。しかし、注意しなければならないことがあります。それは「調べれば調べるほど、迷いが深くなり、悩みが増えていく」可能性があることです。

なぜそのようなことが起こるのでしょうか。

それにはある理由があります。簡単に言えば、「情報の中から自分に必要なことだけを残す作業をしていないから」です。

本を読むことが好きで、子どもの頃から多読している人は自然とできていることがあります。**自分に必要なことは残して、それ以外は捨てていく**ことです。脳がそのように自動処理しているのです。ですから多読しても頭が混乱することはありません。しかし、そのような習慣がない人が本を何冊も読み始めると次のようなことが起こります。

- 書いてあることがすべて重要だと思い、傍線を引いたり、付箋をたくさん貼ったりしてチェックだらけになる。
- 大切なことを〝覚えよう〟とする。
- 違うテイストの本を読んで矛盾した内容に悩む（ある本では「叱ってはいけない」と書いてあり、別の本では「しっかりと叱る必要がある」と書いてあると混乱するなど）。

このような状態にあるときは正しく情報を受け取れていない可能性があるので、注意が必要です。私は講演会やMama Caféプライム（ママさん向けの毎月の子育て講座）では必ず最後に「今日の話の中で実践してみたいことを〝3つ以内〟に絞ってください。そしてそれを実践してみてください。すると必ず何か変化が出てきます」とお伝えしています。3つ以内ということは1つでもいいのです。**大切なことは実践して効果を出すことであって、講演や講座の内容を覚えることではありません。**

書籍も「1冊読んで知らないことが1つ知れたら、読んだ価値があったと考えるべき」

と言われています。この点を勘違いしてしまうと、本を読むことやネットの情報収集をすればするほど、苦しくなってきます。

もし今、混乱しているとしたら、しばらくネットで情報は拾わず、本を数冊に絞って、それを3回ずつ読んでみてください。すると今の自分に必要な情報だけがしっかりと残ります。

## 「試してみる、実験してみる」というマインドセットを持つ

さて、この章も終わりに近づいてきました。

これまで見てきたように、常識や平均、書籍や記事など様々な情報を収集したところで、結局のところ完全に自分の子に合う方法に出合う可能性は高くありません。しかし、それらの情報が不要かと言うとそうでもありません。

なぜなら、具体的な対応方法がないと、親は自分の感覚や感情で子どもに接してしまうことがあるからです。そして、対応を変えることなく、子どもが変わるまで同じことを続けるという手段に出てしまうのです。何度も言う、大きな声で言う、叱るから怒るに転換するなど変化を加えたとしても、それはこれまでの方向と何ら変わりません。

ということは、子どもは変わらないということです。**子どもが変わらないということは、そのやり方が間違っている可能性が高い**わけです。しかし、親はやり方を変えることなく、

どうしてうちの子は変わらないのだろうと、子どもに問題があるような錯覚に陥ります。方法に問題があるのであって、子どもに問題があるわけではないのに、です。

では、どうしたらいいの？　と思いますよね。そこで多種多様な方法が書籍や記事で示されているわけです。

しかし、大切なので再度言いますが、それらに書いてあることは単なるひとつの方法であって、絶対的な正解ではありません。子育てには学校の勉強のように絶対解はないのです。ですから、**自分の子どもに合っていそうな、いくつかの選択肢を試してみる感じでやってみてください。合わなければ別の方法を取ればいいのです。そうしているうちに、徐々に子どもに合ったアプローチが見つかってきます。**

ちなみに私も数々の方法を出していて、効果が高いものを厳選してお伝えはしていますが、それらも絶対解ではありません。

## 「ダメなら次！」の精神で

さて、「試してみる」という言葉で受け取っていただいてもいいですが、私は「実験してみて」と言っています。

実験。

これは理科で使う言葉ですね。実験とは通常失敗するものです。はじめからうまくいく実験だとしたらそれはヤラセだとも言われているほど、実験は失敗が通常です。ですから失敗してても別にショックはないわけです。この方法がダメなら別の方法を試すだけの話です。それが実験です。

そのように軽い感じで取り組む方が、実はうまくいく可能性が高いと、これまで実験をされたたくさんのママさんたちから聞いています。

第1原則で解決！

# お悩み相談室

Q1

宿題に取りかかるのに時間がかかり、問題を解くのも遅い子にイライラして、「早くしなさい」と言ってしまいます。

A1

宿題など勉強以外にも、「ご飯を食べるのが遅い」「登校準備をダラダラとしている」など、子どものペースについての相談は少なくありません。宿題はすぐやるもの、ご飯は早く食べるもの、準備は早くするものという基準はありません。これは親が作った仮の〝正解〟であって、その子にとっての〝正解〟ではありません。

しかし、親は「なんでそんなに遅いの？」「もっと早くできないの!?」というフレーズをよく使います。そのようなことを言っても何も変わらないのに、です。

子どもにとっては、宿題はそもそもやりたくない上に、面倒という気持ちもあります。さらに子どもの速度と大人の速度は異なります。そこでこのようなときは、次の言葉をかけてみてください。

**「3分だけやってみよう」**
**「ひとつだけやってみよう」**

つまり、宿題を終えることをゴールにするのではなく、3分という時間をゴールにしたり、ひとつというように量を減らしたりしてしまうのです。するとやる気がない子でも、ゆっくりのペースの子でも、終わらせることができます。そして、それが終わったらまた次の3分、次のひとつをやればいいのです。

これを細分化技法と言い、たくさんのことは一気にやらず分散化することでやり遂げることができるという手法です。

すると、この程度の短い時間、少ない量であれば「やってもいい」という気持ちが芽生えます。そして人間は不思議なことに、一回やり始めると「もう少しやってみてもいい」という気持ちが出てきます。そうしたらもう少し時間を延ばしたり、量を増やしたりしていけばいいでしょう。

大人が正解と思っている基準を元に判断するのではなく、子どもの状態に合わせて対応するのがポイントです。

Q2

中学受験はした方がいいのでしょうか？　周りに受験させるご家庭が多く、気になってしまいます。

A2

「中学受験をした方がいい」という回答はありません。子育て・教育分野で、「〇〇をした方がいい」は基本的には存在しないと思ってください。「〇〇をした方がいい」ではなく、「〇〇をしてもいい」というだけです。

例えば、「英語は小さい頃からやった方がいい」「プログラミングは早く習得した方がいい」「早期教育はした方がいい」など様々あります。それらが間違っているということではありませんが、大切なのは、「自分の子どもが楽しんでやるだろうか？」という視点です。もし楽しんでやるのであればやってもいいのではないでしょうか。

中学受験も同じです。しなければならないことは一切ありません。周囲が中学受験をするとなると、中学受験をすることが〝正解〟と勘違いしてしまうことはあるでしょう。

ちなみに第4原則で「中学受験に向いている子、高校受験に向いている子」についてお話しするので参考にしてみてください。

・・・・・・・・・・

Q3

勉強ができない子どもの将来が心配になります。大学に行けるのか、ちゃんと就職できるのかと考えて、心が暗くなってしまいます。

A3

確かに勉強はできるに越したことはありません。しかし、これまでは勉強ができる子はいい子、将来が楽しみな子と言われてきましたが、今は異なります。何しろ、職業が多様化し、求められる能力も多様化しています。ですから、いわゆる学校の勉強ができることだけが、将来への希望というわけでは全くなくなりました。昔の絶対的正解は、今はたくさんある正解のひとつに過ぎない（つまり絶対的正解がない）状態になっています。

例えば、私はMama Caféで子どもの様々な状況を聞いた後に次のように言うことがあります。

「お子さんは勉強に向いていないです」

なんて失礼なことを、と思うかもしれませんが、その後の言葉があります。

「勉強に向いていないとは、知的好奇心が強い研究者などに向いている子ではないという意味です。勉強に向いていなくてもオール5の成績を取らせることはできます。なぜなら勉強には方法があるからです。それを知り、実行すれば誰でも成績が上がっていきます。でも大切なことは、この子が興味を持つ分野にもっと時間をかけて、そちらを伸ばしていくことです」

勉強に向いていない子の場合、アート系、身体活動系に才能が芽生えていることが多いです。その場合、それをもっと伸ばしていきます。すると、心が満たされ、勉強にも気持ちが向かうことがあります。もし向かわなければ、アート系、身体活動系をさらに伸ばしていくといいでしょう。

しかし時々、「うちの子はアート系にも興味がなく、身体活動系もしません」という場合もあります。そのときは次のように考えてください。

**「親に、子どもへの愛情があれば絶対に大丈夫です」**

37ページの、植物のイラストをもう一度見てください。開花する時季は人それぞれでしたね。そして、「適度な愛情」は発芽条件のひとつでした。

本書を手にしている段階で、お子さんへの愛情は十分にあります。愛情を受けて育った子は自分で道を拓いていく力があります。あとはこれを信じるかどうかだけです。

# 第2原則

# 子どもの行動を変える前に、子どもの心を変える

## 「叱る」「怒る」では子どもの行動が変わらない理由

子育てをしていると様々なことが起こります。時には子どもを怒ったり、叱ったり、さらには親の思う通りに動かしたい場合もあると思います。しかし、そのようなときに限って、子どもは反発し、親が期待する方向とは真逆の方向に進むことがしばしば起こります。「叱ったり怒ったりするのは効果がないですよ」と言われると、今度は声には出さないものの、表情（眉間にシワを寄せるなど）や態度（ため息など）で示すこともあります。

さらに「それも効果がないですよ」と言われると、今度は逆に「急激にやさしくなる」「子どもに迎合する」「放置する」という極端な方向に進んでしまう人もいます。

人はどのようにして自ら行動するのか、やる気が出るのかという原理原則をある程度知っていれば、このような負のスパイラルには陥りにくくなります。その原則というのが、**第2原則【子どもの行動を変える前に、子どもの心を変える】**です。

叱られたり怒られたり、不満を態度で表されたり、理由もわからず迎合されたりしてやる気が出る子がいないことは、大人も同じですからわかりますよね。

とはいえ、理性よりも感情が先に立ち、ついイライラを表に出してしまうことはあるでしょう。やむを得ないことだと思います。子どもに愛情を持って育てている以上、子どもがやれないこと、できないことに対して「何とかしなければ」という思いが強くなり、その結果焦りが出て、理性よりも感情で対応してしまうことがあるからです。

では、感情を抑えればいいのかというと、そうではありません。抑えると、感情は別の場面で増幅され〝爆発〟する可能性もあるため、お勧めはしません。

感情が出ているそのときにコントロールするのは難しいので、普段、平時にどうするかを考えておくとベターですが、ぜひ次のことをお伝えしたいと思います。

**子どもは親の「感情」を受け取っており、話の内容は受け取っていない。**

子どもに怒っても、叱っても変化がない理由のひとつは、話の内容が子どもに伝わっていないことです。

「(怒りモードで) さっさと○○をやりさない!! いい加減にしてよ!!」と言った場合、「親は怒っているな」という認識はできても、「○○をする」という点については二の次となり、そこに意識が向かわないため、子どもは何度も同じことを繰り返してしまいます。

また、納得がいかないことで叱られたり、何かを強制されたりすると、反発感情が出てきます。それは何も子どもに限ったことではなく、私たち大人も同様だと思います。

では、どのように言えばいいでしょうか。

## 「○○をやるには、△△のようにやるといいらしいよ」

これを私は「ワンポイントアドバイス」と呼んでいます。叱られたり怒られたりせず、ひとつの簡単なアドバイスをされるのであれば、子どもは素直に受け取り、実行する可能性がぐっと上がります。

## 「褒める」では子どもの行動が変わらない理由

「褒めて子どもを育てる」という言葉があります。私は、それはそれで間違っているとは思いません。しかし、褒めるという場は日常そんなにあるでしょうか。私は年に数回程度しかないと考えています。努力をして何かを成し遂げた場面や、人に親切な行為をした場面など、心から自分の子どもを褒めてあげたいということは、そんなに頻繁にあるものではないでしょう。

日常の中で、「褒めよう」として褒めた場合、それは場違いだったり、大げさだったりして、子どもは違和感を持つことでしょう。ときには、親が無理やり褒めていると気づいていたりします。

ですから「褒める」で子どもは変わらないのです。私は、親御さんたちには「子どもをたくさん褒めてください」とは言わないようにしています。あくまでも自然に褒める場面があれば、もちろん褒めてよいのですが。

では、日常においてはどうすればいいでしょうか。

**褒めるのではなく、承認してあげてください。**
**承認とは「認めてあげる」ということです。**

具体的な言葉としては「いいね～」「さすがだね～」「すごいね～」という類の言葉です。これらは自己肯定感を高める言葉として拙著『子どもの自己肯定感を高める10の魔法のことば』にも掲載しています。

これらの言葉は広い意味では褒め言葉になるかもしれません。しかし決定的に違うのは、**「軽く、短く」伝える**点です。褒めるのは強烈な刺激なので、頻繁に使っていると「あれ？今日の褒め言葉は以前より弱いな～。何か良くなかったかな～」という気持ちを抱かせます。

一方、承認はフワッと軽いのです。イメージで言えば、Instagram や Facebook の「いいね」の感じです。あれはいくつもらっても嬉しいですよね。軽いので何度使っても子どもの気分を上げる効果があります。日常においては事あるごとに、この承認言葉を使ってみてください。

まとめると、次のようになります。

**◎通常モード→「承認」**

**◎非常モード（子どもの心が自信を喪失しているときや、驚くほどの成果を上げたとき）**
**→「褒める」**

よく「褒めないで育てる」⇕「褒めて育てる」という二律背反で考えてしまう場合がありますね。書籍によってはいずれかに偏って書かれている本もあるようです。しかし、実態としては、どちらも正しい場面もあれば、間違っている場面もあります。つまり、場面によって異なるということです。

職人の世界では、褒めるという行為をしないといいます。職人は究極の技を磨くために日々鍛錬しており、褒められるとそこで満足してしまい、心にゆるみが出てその後伸びないためといいます。しかし、根底には親方と弟子の間にある種の信頼関係があり、この信頼関係が褒めるのと同様の効果をもたらしているため、褒めることが一切なくとも人は育っていくのだろうと私は思っています。

このように例外はあり、親子でこれができるためには、根底に深い信頼関係が必要になります。それを作っていくことも大切ですが、まずは、子どもを認めていくということをしてみてください。すると子どもの心が変わり、行動が変わります。

## 大人が知らない子どもの特徴

例えば片付けをしない、勉強しない、いつまでもゲームをやっている、ご飯の時間になってもなかなか食卓につかないという状況を目にすると、親としては何か言いたくなりますよね。言うことによって行動を変えさせようとすると思います。

しかし、何を言ったところで子どもは一向に行動を変えることなく、ますます親は苛立ちが募るでしょう。すると親は、大きな声を出して怒るか、脅迫（〇〇しないと△△できないよ！　という構文）したりすることもあります。

これらの手段によって子どもが言われたことを一時的にやったとしても、翌日また同じことの繰り返しになることが少なくありません。

そもそも子どもは、なぜこのような状態になるのでしょうか？

実は大人が知らない「あること」があるのです。それは大人と子どもでは時間感覚が異なるということです。これを知らないと、親は自分の時間感覚で子どもに対応してしまいます。これがそもそものボタンの掛け違いになります。

## 大人と子どもでは時間感覚が異なる

### ①子どもには「過去と未来」の概念がない

私たち大人には、過去、現在、未来という時間の概念がありますね。特に親になると、「このままだとこの子の将来が心配」と考えることがあると思いますが、それも未来という概念があるからです。また、大人は準備をするようになります。これも未来に対する心配、不安から準備をするわけですから未来を意識して今の行動があるわけです。

では、子どもは親に言われずに準備をするでしょうか。もしできていたら、その子には未来の概念があります。しかし、小さい子をイメージしてもらえればわかると思いますが、先を見て準備をすることはまずありえません。それよりも、保育園や幼稚園に行く直前にいきなりゲームをやりだすなど、びっくりする行動を取ることもあります。このような子には「今現在」があるだけで未来の概念がないのです。

一方、過去についてはどうでしょうか。「過去」を認識していれば、一度言われたら同じ過ちはしない傾向になります。何度言っても子どもが変わらないとしたら、過去の記憶がないか薄いということになります。それよりも「今現在」への意識が強いため、その引力に引っ張られているわけです。

つまり、子どもにあるのは「今現在」だけであり、「過去や未来」はないと考えていいでしょう。しかし、大人にはあります。その大人の感覚で子どもに対応しているとイライラしか出てきません。

では、現在しか認識していない子どもにはどう対応すればいいでしょうか。

**「目の前のことに意識を集中する性質」を利用すればいいのです。**今現在が楽しく、興味があればやる、そうでなければやらないのですから、目の前の楽しさや面白さを作り出してしまえば、子どもは動き出します。

例えば、保育園や幼稚園の運動会でこのような光景を見たことはないでしょうか。紅白の玉入れという競技があります。制限時間内にいくつの玉がカゴに入るかを競うものですが、勝ち負けが決まった後には、後片付けをしなくてはなりません。それを先生が「みんなで片付けましょう！」と言ってもおそらくほとんどの子はやらないか、ダラダラしながらやることでしょう。しかし、さすがは保育士さんや幼稚園の先生は子どもの意欲を引き出すプロです。次のように言って、子どもたちのやる気を引き出し、あっという間に片付けをさせてしまいます。

「さあ、今度は後片付け、どっちが早いかな〜」

これであっという間に終わります。今楽しいこと、興味があることに集中させるという方法です。正論を言っても説得しても、子どもは前向きに動きません。そうではなく、いかに楽しく面白くさせてしまうかです。そのためには親自身が、「どうしたら楽しめるかな？」と自問自答してみるといいでしょう。すると、これまでの対応とは違ったアイデアが出ると思います。

## (2) 大人と子どもでは時間の長さの感じ方に差がある

2つ目は「大人と子どもの時間の捉え方が異なる」ということです。大人と子どもの年齢の逆比と言われています。例えば40歳の親と10歳の子どもがいたとしましょう。年齢比は4：1です。ということは、時間感覚差は1：4ということになります。つまり、40歳の親が「たった10分だからやってしまいなさい」と10歳の子に言った場合、その子の10分は、大人で言う40分の感覚です。生きている年数が異なるため、40年分の10分と、10年分の10分ではその割合が異なるということです。

確かに子どもの頃は、一日が長かったと思います。しかし大人になるにつれて時間は短くなっているように感じますよね。

以前、こんな相談がありました。5歳の子が通う保育園で月に1回45分間、書写の時間があり、その日に限って「行きたくない」と言っているというのです。仮に親が35歳だとしたら、子どもとの年齢比は7：1です。つまり35歳の親は45分という認識でも、5歳の子どもにとっては7倍の5時間以上ずっと座って字を書かされている感覚です。それは嫌になります。

もちろん先生が楽しく進めていれば、子どもは今を楽しみ時間を忘れて夢中になるので問題ないでしょうが、もしそうでないとしたら……ということです。

以上、大人と子どもの時間感覚の差について2つの例を書きました。ちなみに、ここでいう子どもとは、**男の子で中2の夏まで、女の子で小5あたりまで**と考えてください。個人差があるのであくまでも目安ですが、それぐらいまでの時間感覚は大人と大きく異なっていることを知っておくと、不要なイライラは減っていくと思います。

# 「声かけ」では子どもの行動が変わらない理由

子どもに勉強させたり、生活習慣を整えさせたりする際に、親が取る方法のひとつに「声かけ」があります。声かけという言葉の響きはいいですが、実際は、厳しい口調や眉間にシワを寄せた表情での声かけが少なくありません。**本来、声かけは何のためにやるかというと、行動させるためではなく、「やりたくなる気持ちにさせるため」です。**

親はしばしば、子どもの行動を変えさせようとします。勉強しない子に「勉強しなさい」と言ったり、片付けしない子に「片付けなさい」と言ったりするのは、その典型です。おそらくこれは、昔々の先祖代々から続くある種の〝しきたり〟のような慣習だと思いますが、ここでちょっと考えてみましょう。

行動を変えさせるときに発する言葉の多くは指示命令用語です。「そろそろやった方がいいんじゃないの〜」とやんわり言っても、それは実質的には指示用語です。

場合によっては、このような指示命令用語でも子どもの行動が変わることもありますが、「親がかなり怖い」「仕方ないと思い渋々やる」「親がウザイからこれ以上面倒なのでとりあえず表面的にやったふりをしておく」場合がほとんどです。これらに共通しているのは、子どもは快くはやっていないということです。快く（つまり自主的に）行っていないとどうなるかと言いますと、継続しません。継続しないので、親がまた言う羽目になります。以前よりもさらに強い口調で。

やがて、子どもはその口調にも慣れていきます。怖いと感じなくなったり、適当に流したりすることを覚えていきます。場合によっては、もはや親の手に負えない事態になることもあります。

これは子どもに問題があるのではなく、親の対応が不適合だったことが原因です。もし対応が子どもに合っていれば問題が起こることはありません。

一体、どの部分が不適合だったのでしょうか。それは「いきなり子どもの行動を変えさせようとした」という部分です。ではどうすればいいでしょうか。

そこで出てくるのが、やはり第2原則の【子どもの行動を変える前に、子どもの心を変える】なのです。

**目に見える部分（行動）をいくら修正しても同じことが繰り返されるのは、根本の部分が変わっていないから当然なのです。根本とは、子どもの「心の状態」のことです。**

心の状態が変わらないのに行動だけ変えさせようとしても、本質的には何も変わっていないため、また同じことが繰り返されてしまうのです。

そもそも子どもは親がさせたいことに対して、なぜ自主的に行動しないのでしょうか。理由は簡単です。面白くないからです。もし勉強が面白かったら自主的にやります。片付けが面白かったら喜んでやります。子どもの行動基準は「楽しいか楽しくないか、面白いか面白くないか」です。

例えば、ただ無意味に書き続ける漢字の練習は面白くありませんが、『うんこドリル』（文響社）だったらどうでしょうか。かのドリルは大ベストセラーになりましたね。なぜベストセラーになったかと言うと、子どもが面白いと思ったからです。やっていることは漢字の勉強や計算です。しかし、面白く学べるという点が従来のドリルと決定的に異なる点です。

## 勉強が面白いと言わせてしまうには？

ここで私が塾で子どもたちを指導していたときの方法のひとつで、「子どもたちに勉強が面白いと言わせてしまう」ケースについてもお話ししますね。

私は20歳で起業し学習塾を始め、４０００人を超える小中高生たちを教えてきました。すべての授業が楽しかったのですが、特に小学生の授業がかなり楽しいものでした。

基本的に私の授業はクイズ大会なので、子どもたちはとても盛り上がります。国語は文章の読み聞かせとそれにまつわる雑談雑学話、そして設問はすべてクイズ的にします。算数は計算スピード大会、理科社会は完全にクイズです。もちろん子どもたちの学力がぐんぐん上がるのは言うまでもありません。しかし、今、私がここでお伝えしたいポイントはそこではないのです。

子どもたちは授業が終わると、「早く来週にならないかな〜。早く塾に来たい！」と言って帰るのです。私は「そうだね〜。早く来週来てほしいね〜。そうだ。それまでの間にバージョンアッププリントがあるけど、どうする？」と聞きます。すると子どもたちは「欲しい！　やる！」と言って持ち帰ります。これが私の「宿題」です。

このやり方は、小中高生全員同じです。学年が上がると内容が高度になるだけで、方法は同じです。ですから、成績が上がるのは当たり前のことで、さらに子どもたちが自主的に勉強するようになっていくことがポイントなのです。

これが「行動を変えさせるのではなく、心を変える」という意味です。子どもたちが最もやりたくないと思っている勉強でさえ、この状態が作れるのですから、それ以外のことも可能なはずです。

## 子どもはどんどん調子に乗らせよう

「行動をまず変えさせないと」と考える親御さんの傾向として「真面目な方が多い」という印象があります。真面目自体は悪くありませんが、「こうでなければならない」「枠から外してはいけない」という思いが強くなると、ほぼ間違いなく表面的行動を変えるために「強い口調（言葉かけ）」を使い続けていきます。

でも、これまでのお話で、心を変える方が合理的で、結果として早く行動が変わることがおわかりいただけたのではないでしょうか。

例えば、ゲーム好きで勉強が好きではない子がドリル学習をやっていて、いかにもやりたくない様子だった場合、「3分（5分など）でどこまでできるか記録に挑戦」と時間制限付きのクイズのようにやっていく方法があります。つまり作業の細分化をして、できて当たり前のことでも、達成できたらＳＮＳの「いいね」のように軽く「いい感じだね〜」「いいね〜」「すごくない？」と言います。

このようなアプローチだと子どもが調子に乗るのではないか、甘えさせることになるのではないか、親が子どもに迎合しているのではないかと思う方がいるかもしれませんが、私は全く逆だと思っています。**子どもはどんどん調子に乗らせていきます。出る杭は打たれますが、出ていない杭はいつまでも出ることはないからです。**

楽しくさせる、面白くさせることが甘えに通じるとも思えません。また子どもに迎合しているのではなく、子ども目線に合わせて対応しているだけです。ですから、子どもが面白い、楽しいと思えるような、心の状態を上げるアプローチをどんどん試みてください。

## わが子の心が動くポイントを「見える化」する

子どもが面白く、楽しく思えるようにすると言っても、なかなかそれが難しいと思う人もいます。**親自身が面白がったり楽しんだりすると、その雰囲気が子どもに伝わり、子どももそう思うようになっていくことはよく知られています。感情は伝播するからです。**ですから、親がまずは面白がる、楽しんでみることが大切になります。

しかし、それも難しいという場合、次のことをしてみてください。

### ステップ1　紙とペンを用意する

考えるときは頭の中ではやりません。特に現在ネガティブな状態であるとしたら、頭はそのネガティブな思考に支配されているので、ぐるぐると巡り、さらに気持ちが落ち込んでいきます。

ですから、現在の様子については必ず「見える化」させていきます。そのために、紙とペンが必要になります。できればお気に入りのノート、手帳やお気に入りのボールペンを用意してみてください（シャープペンシルでもいいですが、ペンの方が消せない分、マインドセットが変わります）。これもかなり大切です。ネガティブから脱するためには雰囲気の力、ツール（道具）の力を借ります。

## ステップ2　次の3つの問いを書き写し、それぞれについて書いてみる

問1「なぜ、子どもは言うことを聞かないのだろうか？」
問2「なぜ、子どもは○○をやりたがるのだろうか？」
問3「子どもが行動したくなるにはどうすればいいだろうか？」

正解はありませんし、正解を書くことが目的ではありません。このような問いに思考を向けることが目的です。

問1だけで終わらせず、必ず問3まで進んでください。問1で終わらせるとネガティブ状態が維持されてしまいます（さらに頭の中だけでやると、問1がぐるぐると回り始めてしま

います)。

問2は、別の視点です。親の意識は「子どもがやらないこと」ばかりに向かいますが、「子どもが自主的に行動すること」にも目を向けます。するとそこに行動のヒントが見えてくるからです。

例えば、子どもはゲームに対しては自主的に行動します。なぜでしょう。それは面白いから、楽しいから。では「なぜ面白いんだろう？　楽しいのだろう？」と考えると、そこには「自分の進歩が点数などによって『見える化』されているから」とか、「友達と一緒にやっているから」という理由が見えてきます。それがわかってくれば、問3で、そのことを応用すればいいとわかってきます。

このプロセスを「問題解決技法」と言います。世の中の問題は大なり小なり、皆このプロセスを経て解決方向へと向かっています。ぜひ、このモデルを子育てに取り入れてみることをお勧めします。しかも、この作業はやってみるとわかりますが、結構楽しいです。

ママはとても忙しいので、時間がなくてできないと思われる方もいると思いますが、実は短い時間でもこの作業をやると、今まで言うことを聞かせようと費やしてきた時間が減っていくので、最終的には時間短縮につながります。

以上、第2原則【子どもの行動を変える前に、子どもの心を変える】について書いてきました。子どもの心が変わるとは、やる気になるということです。ほんのちょっとしたことで子どもの心は変わります。

もちろん、子どもには様々な性格の子がいて、親にも様々な性格の人がいます。その組み合わせで考えるとアプローチ方法は十人十色、皆異なると思います。しかし、「自分の子どもはどういう対応をしたら心が変わるのか」という視点で見ていくと、かなりの確率で方法が見つかります。ベストな正解探しというよりも、子どもに適したベターな方法を探る感じです。

**これが子育ての一番面白いところなのです。**

「なるほど！　この子はここがヒッティングポイントね！」という感覚を求めて実践されてみてください。

第2原則で解決！

## お悩み相談室

Q1

子どもがいつまでもゲームばかりで、机に向かいません。勉強を始めさせるにはどうしたらいいですか？

A1

このような状況で親がかけがちな言葉は、おそらく「いつ勉強するの！」「まだ終わらないの！」「いつまでやってるの！」でしょう。そして結局、子どもは親の言葉を無視し、ゲームを続けることになると思います。その結果、決めておいたゲームのルールも崩れていくことでしょう。

これからは、次のような言葉に言い換えてみてください。

**「いつゲーム終わる～？」**

通常言ってしまう言葉には最後に「！」がついていることにお気づきでしょうか。つまり、語気が強く、子どもは親が感情的になっていることを受け取ります。すると、子どもは親の言うことを聞きません。

ですから、軽いテンションで、ちょっと高めの声で「いつゲーム終わる～？」と聞くのです。すると、子どもは○分で終わりにすると言うと思います。しかし、言ったものの、その時間で終わらないこともあります。そうしたら、また同じ調子で「いつゲーム終わる～？」と聞きます。これを、終わるまでしつこく、毎回同じ調子で言うのです。

するとどうなるでしょうか。子どもはいちいち応えるのが面倒となり、はじめの1回で終えるように変わっていくことがあります。つまり、「心が変わり、行動が変わる」という型ができます。

もちろん、１００パーセント変わる方法ではありませんが、これまでのケースではかなりの確率で変わっていくことがわかっていますので、一度試してみてください。くれぐれも、軽い調子で、を忘れずに。

## Q2

いちいち言わないと片付けをやらない子ども。どうしたらいいでしょう?

## A2

片付けをしっかりとやる子どもは世の中にそれほどいません。どの家庭でも悩みの種になっているようです。私たち大人だって、子どもの頃、片付けをしっかりやっていたでしょうか。おそらく大人になり、自分の部屋や世帯ができてから片付けるようになったという人は少なくないと思います。

しかし片付けは、できないよりはできた方がいいでしょう。チェックリストを作る、元々あった場所にその物の写真を貼っておきそこに戻すなど、様々な対応方法がありますが、これまで私がアドバイスして最も効果があった方法は次の通りです。

- 親が子どもに「片付けてね～」と軽く言う

↓

- 予定通り、子どもは片付けない

↓

●そこで、親が**楽しそうに**子どもの分の片付けをする

↓

●子どもは、親が見ていないときに、片付けを自分でするようになる

この方法のポイントは、親が「楽しそうに」片付けをやっているところです。通常は、子どもが片付けないと、親はブツブツ言いながら嫌そうに片付けをします。子どもはそれを見ています。そして「やっぱり片付けは嫌なものなんだ」と思うわけです。ですから、いくら片付けをしなさいと言ってもやるわけがないのです。

でも、親が楽しそうにやっていれば、「そんなに楽しいなら自分もやってみる」と思うのです。これが、心が動くと行動するようになるという原理です。ぜひ、お試しください。

Q3

読書に夢中になると、ご飯の時間に呼んでも来ません。返事すらしないことも多いです。

A3

呼びかけても反応しないときは、どうしますか？　通常は、切り上げさせて生活習慣である食事の時間を守らせることでしょう。しかし、それだと毎回同じことを繰り返さなくてはなりません。

そこで次のように対応してみてください。

**「……（無言）」**です。

詳しく説明しましょう。はじめに一度、「ご飯できたよ」と伝えます。このとき、子どもの反応がないと、親の言葉を聞いていないのではないかと思うかもしれませんが、子どもは、かなりの確率でしっかり聞いています。ただ反応するのが面倒であるため、無反応になっているだけです。

さて、ここからが大切です。1回アナウンスしたら、2回目は言いません。するとやがて時間が経ち子どもが食卓に来ます。そのとき、親は「やっと終わったの」

などと余計なことは一切言いませんし、表情や態度にも出しません。何事もなかったかのように淡々と行動します。そして食事が終わったら、淡々といつも通りの作業に入ります。

するとと子どもはどうなると思いますか？

まず、満足できるまで読書したことで心が満たされています。そして、食卓には自分しかいなくなっていることに気づきます。結果として次からは自己修正をかける可能性が高まるのです。2回目で変わるか、3回目で変わるかわかりませんが、必ず自分で修正をかけてきます。これが「心が変わると行動が変わる」ということです。

もし余計な一言を言ってしまったり、イライラした調子で何度も言い続けたりすると、子どもの自己修正は起こらず、これまでと同じ状態が継続していくのでお気をつけください。

# 第3原則

## 親が変わることで、子どもが変わる

# 子どもとの関係がうまくいかないときは、アプローチが間違っています

子育てをしていて、親の思う通りにいかないことはたくさんあります。というより、うまくいかないことの方が多いかもしれませんね。よくよく考えてみれば当然のことです。子どもはまだこの世に生まれてから年数が経っておらず、人生経験も浅く、ボキャブラリーも少ないのです。もちろん、そのような状況なので周囲の空気を読んで対応するなど不可能に近いでわけです。ですから、うまくいっている方が逆に珍しいと思った方がいいでしょう。

しかし、その状態が続くと、親のイライラも増していきます。精神衛生上それはよくありませんよね。親子関係は円滑に、できれば楽しさあふれる関係であるに越したことはありません。

では、そのような関係になるにはどうしたらいいでしょうか。
それは、「今やっていることがうまくいかないときはアプローチが間違っている」ということを認識することから始めてみることです。

**子どもが反発したり、言うことを聞かなかったりするということは、親側のアプローチが適切ではないことを意味します。**実際、別の人が対応すると子どもは素直に動く場合があることを考えると、方法は確かに〝ある〟のです。
でも、子どもからの反抗、反発を受けると、イライラ感情が増幅し、どうにかして言うことを聞かせようと、強く言ったり、怒鳴ったり、場合によっては叩く人もいます。このような状態だと今後、永久に解決に向かうことはありません。

こういうことを今、書きながらも、私は一方で親御さんたちの大変さも知っているので酷なことを書いているなとも思います。親になると通常、子どもには健康で健やかに育ってほしい、幸せになってほしいと思います。「そのためには○○をしっかりできるようにさせなきゃ」と考えて、やらせようとします。子どもはまだ自分でできないことが多いので、できるようにさせたい項目はたくさんあり、親は大変です。でも、すべては子どもの幸せにつながることと考え、自分の時間も〝犠牲〟にして子どものために全力投球することもあります。ですから、親としての気持ちもよくわかるのです。

しかし、時に人は自分を客観視できなくなります。はじめは子どもの幸せのためと思っていたのが、いつしか、自分の思い通りに子どもが動いてくれると自分が安心、安定できると、自分のためになってしまうことがあるのです。するとイライラ、モヤモヤ感情が出てきます。

そうなるとますます、どうしていいかわからずに、今やっていることを「強く（きつい口調で）」「激しく（大きな声で怒鳴る）」やるだけになり、事態は悪化の方向に進んでしまうのです。

「一生懸命から始まったことが、なぜかイライラになってしまう」というのはこういう原理なのです。

**もし今のやり方でうまくいくのであれば、とっくに子どもは変わっているはずです。**冷静に考えればわかることなのですが、人間は感情が出てくると自己認識ができなくなります。

子どもが思春期を迎えると、親の間でよく使われる言葉があります。それは「反抗期」。「もう大変！　うちの子、今反抗期で……」という言葉をよく聞きますが、これもよく考えてみると、おかしなことだとわかります。

## 反抗期は子どもからのメッセージ

そもそも子どもはなぜ反抗するのでしょうか。それは、**反抗したくなることを親にされているから**なのです。それがなければ反抗する理由がありません。今までは反抗してこなかったのに突如反抗するようになったなら、それは子どもがある年齢になり、ボキャブラリーが増え、学校や友人との会話を通じて「今の状態はおかしい」と気づき、ようやく親に反抗できるぐらいに成長したというだけです。つまり、反抗期とは、「これまでとは対応を変えてほしい！」という子どもからのメッセージなのです。

しかし、反抗をメッセージとして受け取らず、「うちの子、反抗期で大変」「生意気」「屁理屈ばかり」という言葉で片付け、いつまでも同じ対応をしてしまうと、この状態は長い期間続いていきます。それを大人たちは「まだ反抗期中で……」と言ったりします。なんともコントのような状態ですが、これがよくある現実です。

親御さんの中には、「自分もこの子と同じ年齢の頃、親に対して反抗したくなることがあったなぁ」と思い出し、**子どもから大人への変換期なのだからと対応を変えていく人もいます。すると反抗期は最短期間で終わるわけです。**

日々同じ空間で生活していると、親が子どもの微妙な成長を読み取ることは難しいです。他者のほうが子どもの成長に敏感に気づきます。ですから親子の場合は、子どもが発する反抗が「親の対応の変化を促すシグナル」であることを親が読み取れるかどうかにかかっています。

## 親が子どもより先に対応を変える必要があります

子どもと親の関係が変わった場合、どちらが先に対応を変えたと思いますか？　次のケースで考えてみましょう。

**（1）今まで勉強しなかった子が、あるとき自覚し自主的に勉強するようになったことで、親が子どもに対してやさしくなった。**

**（2）親が子どもへの接し方を変えたことで、子どもが自主的に行動するようになり、勉強も自発的にするようになった。**

（1）は子どもが変わったことで、親の対応が変わったという事例です。（2）は親が子どもへの対応を変えたことで、子どもが変わったという事例です。なんとなくおわかりかもしれませんが、（2）が本来のあり方です。

もし、（1）の状況が起こったとしたら、親よりも子どもの方が精神年齢が高いということになります。子どもがいい点数を取るようになったから、親がご機嫌になったという事例はまさにそれに該当します。

子どもは小さければ小さいほど、自分で変わることができません。ですから、親の方が先に変わり、その結果として子どもが変わっていくのが自然な原則なのです。

次のケースを見てみましょう。

子どもが勉強しないでゲームばかりしている

↓

親はイライラして、「宿題やったの⁉」と聞く

↓

子どもは反発するか、スルーする

↓

親はさらにイラついて、「いい加減にしなさい！」と怒鳴る

## 子どもは「うるさい！」と反発する

程度の差こそあれ、このような感じのやりとりは日本全国の家庭で頻繁に起こっています。問題は、このパターンを毎回毎回、繰り返しているという点です。1回だけのやりとりであれば問題はありません。しかし、何度も同じことを繰り返しているということは、何も変化がないということです。子どもの状態に対して親が同じことを毎回言っていれば、子どもも同じ反応をしてくるに決まっています。それにもかかわらず、親は毎回同じことをやってしまうのです。

**言い合いがいつも同じパターンで、結果がいつも同じならば、パターンを崩す必要があります。パターンを崩すのは、親からです。これが、親が先に変わるという意味です。**

先ほどの例で言えば、ゲーム時間を指摘して勉強の話をするのではなく、「全く何も言わない」ことを試してみてください。子ども側は、いつも聞いている親の言葉がないため、違和感を覚えます。するとだんだんと自分の行動に責任を感じだします。本当に責任感を持つのだろうかと疑問に思うかもしれませんが、人間はパターンによる条件反射で動いていることが多いので、パターンが変われば、ほぼ間違いなく違和感を覚え、自分ごとにならざるを得なくなるのです。パターンが変わってからある程度時間が経ったら、自らゲームを切り上げ宿題をやり始めるようになったりします。かなりの確率でこのようになっていくことが、これまで相談を受けた方たちのケースからわかっています。

しかし、「ある程度の時間」が我慢できず、少し時間が経つと親がまた同じことをやってしまい、元に戻ることも少なくありません。ある程度の時間とは、目安として３週間です。数日程度ではまず子どもの行動変容はありません。

## １８０度逆の対応を３週間

以上のように、もし今やっている対応でうまくいかないのであれば、パターンを崩してみてください。崩すとはいつもとは異なる対応をするということですが、一番簡単な崩し方は、「今までやってきたことと１８０度逆のことをやる」ことです。

例として次のようなケースを参考にしてみてください。

### ケース1 これまで子どもに言い続けても一向にやらない

この場合は、「全く言わない」という手段を取ります。言い続けてもやらないのだから、言っても無駄です。ですので、全く言わないようにしてみてください。

### ケース2 これまで苦手、欠点を指摘してきたが、解決しようとしない

この場合も、真逆の対応をします。つまり、「できること、できたこと、得意なこと」など子どもの長所のみを言葉で伝えます。つまり、子どものマイナス面の指摘をやめ、プラスの気づきを伝えていきます。

### ケース3 今まで些細なことを注意したり、叱ったりしていた

この場合の真逆の対応は、「笑ってしまう」ことです。なかなか笑うのは難しいかもしれませんが、ひとつ私が自分の子どもで経験したエピソードをお話ししますね。

私の次男がまだ幼稚園の年中のとき、運動会でお遊戯がありました。ミッキーマウスに扮し、手袋をはめてお尻に尻尾らしきものがついた可愛らしい姿です。いざ始まると、私

たち家族はビデオカメラを構え撮り始めました。が、姿がないのです。よく見たら運動場の端の方でやりたくない様子で不貞腐れています。幼稚園の先生が「みんなと一緒にやろうね～」とやさしく誘っているのが、遠くからわかりました。すると、息子は両手につけていた手袋を取り、それを地面に叩きつけて席に戻っていってしまったのです。一連の様子はＶＴＲに収まっています。

昼食で家族のところに来た息子に対して私はどう対応したでしょうか？

「お前、すごいなー。なかなかあれはできない！　ちょっと見てみて、このＶＴＲ」とある種の爆笑をしたのです。つまり、本来、説教する場面を笑いに変えたのです。そのときの子どもの様子は少々バツが悪い感じでしたが、事なきを得て終わりました。

私は本当にすごいと思ったので素直にそう反応しただけでしたが、もしそこで「しっかりやらないと皆に迷惑になるだろう！」と説教でもしていたらどうだったでしょう。今ではそのときのことを懐かしい笑い話として子どもとたまに話しています。

すべてのことを笑いにする必要はありませんが、叱る必要が本当にあるのか？　諌める必要が本当にあるのか？　という視点もあると、些細なことは笑いに変えることができると思います。

以上、3つのケースについてお話ししましたが、もしかしたら実行するのは難しそうと思うかもしれませんね。でも何事もやってみないとわかりません。これは一種のトレーニングのようなものです。やっているうちに、第3原則【親が変わることで、子どもが変わる】が実感できてきます。すると毎日、子どもと対話することが楽しくなります。うまくいかないときはぜひ、真逆の対応をしてみてください。

## 心の作用・反作用の法則

これまで、親が強く言えば子どもは反抗するというお話をしてきました。実は、これは物理法則で説明ができるのです。

物理の力学には「作用・反作用の法則」というものがあります。ある一定の力をある向きにかけると、逆向きに同じ力がかかるというものです。つまり、100で押したら、100で押し返されるというものです。人間の心もこの法則に従います。例えば、100の力で押しの強い人が近づいてきたら、100の力で拒絶したくなると思います。力が弱いと押されてしまうので、拒絶するには同じ力で心理的に押し返す必要があります。私はこの心理状態を「心の作用・反作用の法則」と呼んでいます。

「勉強しなさい！（作用）」と言えば、ますます勉強しなくなります（反作用）。

100の力で押すと、100の力で押し返される

「ゲームはもうやめなさい！（作用）」と言えば、ますますゲームをやります（反作用）。

子どもは言われたことと逆に行動することがあると知る必要があるでしょう。これは一般に「天邪鬼《あまのじゃく》」と言われます。

しかし、親はどうにかして目の前の子どもの状態を改善させたいという思いが強すぎるため、ストレートな口調で強引にやらせたり、やめさせたりします。その結果、子どもは親の思う理想とは真反対に向かっていくことになります。

一方で、この原理を逆に応用することもできます。

例えば、勉強〝らしい〟ことをやっていた

ら「体に悪いから勉強なんかしないで早く寝たら」と言ってみたり、勉強しているときに「遊びに行こう」と誘ってみたりすると、子どもは「いや、勉強しなければならないから」と返してくる現象がしばしば起こります。

「そんなこと言ったら、うちの子はますますやらなくなる」という人もいるでしょう。一時的にそうなることはあっても、しばらくすると自分で勝手に勉強するようになることは珍しくありません。

これは人間の心理作用のひとつですので、私もこれまで多くの子どもたちを指導する際に使ってきました。

ただし、この方法ではひとつ注意することがあります。それは、口では「勉強よりももっと遊ぼう」と言っていても、そのときの親の顔が怖かったり、嫌味に聞こえたりするような言い方では、「勉強しなさい！」と同義のメッセージを与えることになります。その点だけは気をつけてください。

この原理を応用した方法で、子どもをゲーム嫌い、動画視聴嫌いにさせることもできます。あまりにも無慈悲であるため、このアプローチは使用厳禁ですが、原理的にはそうなるという例として書いておきますね。

**子どもがゲーム嫌い、動画視聴嫌いになるアプローチ**

※使用厳禁！

(1) 毎日◯時間はゲーム（動画視聴）をするよう強要する。
(2) ゲームの攻略本を買ってきて、それを読みなさいと指示する。
(3) ゲームでミスをしたら指摘する。特にケアレスミスをしたら怒る。
(4) 学校から帰ってきたら、まずはゲームをやるように命令する。
(5) ゲームで成長しているかどうか定期的にテストする。
(6) あまりにも上達しないときは、ゲームを上達させるために家庭教師をつける。

これで完全に嫌いになります。
お気づきかもしれませんが、これを勉強でやっているとしたら、勉強が嫌いになります。

## 子どものマイナス感情に巻き込まれない

先述したように、感情は伝播します。楽しそうな人と一緒にいると楽しくなり、悲しそうな人と一緒にいれば悲しくなりますよね。当たり前と言ってしまえば当たり前のことですが、日常生活においてはそれが意識されないことが多いものです。

つまり、親がイライラしているとその感情が子どもに伝わり、子どもが癇癪を起こすとその感情が親に伝播し親もイライラするという現象が起きているということです。親が楽しそうにしていれば子どももその感情を受け取り、子どもが楽しそうにしていれば親も楽しい気持ちになります。

これが日常生活で繰り広げられているわけです。日々、楽しくしたいのは誰しも同じでしょうが、実際はなかなか難しいものです。そこで、日々の心がけとしては次のことを意識しておいてください。

## 子どものネガティブな言動には反応せず、スルーする（※中学生以上の場合）

つまり、「子どものマイナス感情に巻き込まれないようにしましょう」ということです。

筆者がパーソナリティをしている音声配信「Voicy」で、プンプンして当たってくる子（プンプン丸）についてリスナーさんに聞いてみたところ、「我が家にもプンプン丸がいます」とコメントが続出しました。一例を挙げると次のようなものです。

「娘にはマイルールがあり、その数はめちゃくちゃ多いです。それがうまくいかないとプンプンしています」

「次女は1歳の頃からジェットコースターのような気性。それが小3の今も続いています」

「振り返ると、自分も小さいときはプンプン丸でした。理想と現実の差にどう対応していいかわからず、それが怒りになって出ていたと思います」

コメント全体からは、女子が相対的に多く、またしっかりとやる気持ちがあるのにできない状態のとき「プンプン化」するケースが多数見受けられました。

子どものプンプンに頻繁に接していると、親も精神的に参ってしまうことが少なくないようです。コメント欄にはそのような嘆きの声も同時にたくさん書かれていました。

私は、子どもがマイナス的なことを言ってきたときは、基本的に次のようにしてくださいと言っています。

「子どものネガティブには反応せず、スルーする」

子どもの感情に巻き込まれないように注意しないと、余計な反応をして火に油を注ぎ、親子ゲンカに発展することがあるからです。

ただし、ポジティブには積極的に反応しましょう。親の反応を求めている子は、このように対応することでネガティブ発言が徐々に減っていきます。そしてポジティブな発言が増えていきます。

実は、この方法は子どもが中学生以上の場合に効果がある方法で、子どもが小学生であれば、これだけでは対応が難しくなります。

例えば中学生以上で、ゲームをしながらブツブツ文句を言っていたり、テストや宿題に対してネガティブな発言を連発したりするときには、親はいちいち反応せずスルーするのがベターですが、小学生の場合はそうはいきません。小学生でも特に低学年となると、スルーだけだと次の2つの問題が起こることがあります。

●子どもが「お母さん！　聞いているの!!」と子どもがさらにまくし立ててくる

●スルーされることで、子どもは自分の話を聞いてもらえない、気持ちを理解してもらえていないと感じ、いつしか親を信頼できない存在と思ってしまうことがある

そこで小学生までの子どもに対しては、次の3つの手順を試してみてください。

**【共感】→【提案】→【スルー】（※小学生の場合）**

## ステップ1　共感

子どもの話をしっかりと聞いてあげることから入ります。共感の重要性は、カウンセリングやコーチングでも言われています。

子どもは実際に、何か問題を感じているからプンプンしているわけであり、それを「話す」ことで「放す」に変わることがあります。

ただし、プンプン状態ですから、かなり感情がエキサイトしています。その強い感情に

親が引っ張られてしまうと、共感ができなくなってしまいます。

共感とは「相手が今どういう気持ちか理解している状態」で、同じ感情になっているわけではありません。ですから、親も一緒になってイライラしたり、怒ったりしている場合は、共感ではなく同感状態になってしまっていると言えます。


**相手の感情に巻き込まれないコツのひとつとして「相手のペースに合わせない」という方法があります。**例えば、「相手の話す速度に合わせず、ゆっくりとしたペースで低い声で話をする」などです。人は感情が高ぶっているとき、早口で声が高くなる傾向にあるため、そこから外すということです。

## ステップ2　提案

話を聞き、子どもの気持ちを理解した後に、「こういう方法もあるよ」と提案をしていきます。例えば、勉強の場面であれば、「今やらずに、ご飯の後でやる方法もあるよ」「時間を分けてやっていく方法もあるよ」と提案してみます。

この提案は、ほとんどの場合、受け入れられないと思います。でも、それで問題ありません。なぜなら、**親が提案した方法を子どもが実行することが目的ではなく、「方法はいく**

**つもある」と伝えることが目的だからです。**

提案したことを子どもが実行すると期待していると、親は「お母さんが言ったようにやらないから、またプンプンするんでしょ！」と言ってしまうなどして、事態が悪化することがあります。

## ステップ3　スルー

最後のステップはスルーです。「共感→提案」ステップでも、まだプンプンしていることもあります。その後で、ようやくスルーになります。

これまでのプロセスで、子どもの感情は相当程度解放されていると思われますが、まだ〝種火〟が残っていることもあります。そのとき再度、「共感→提案」ステップを取っても問題ありませんが、親の気持ちがそこまで続かず、参ってしまうこともあります。

その場合は、スルーしていくことを試してみてください。つまりネガティブには反応しないということです。

以上のように、子どもがまだ小さいときは、スルーの前に必要な段階を経ていく必要があります。特に大切なことは、ステップ1の「共感」でしっかり話を聞いてあげることです。ここをしっかりおさえておくことで、子どもの内面深くにある感情は徐々に解放へと向かうと思います。

## 心の状態によって見えるものが変わる

人間の心にはクセ（癖）があります。ものの感じ方、考え方と言ってもいいかもしれません。例えば、心がマイナスだと周囲（子ども）の短所を見つけるようになります。短所や欠点を見つけるとそれを指摘したり、命令的に行動させたりすることで親子関係が崩れていきます。しかし、心がプラスだと周囲（子ども）の長所を見つけるようになります。すると子どもの良い点を言語化して伝えることになるので、子どもがぐんぐん伸びていくわけです。

つまりは、親の見方、考え方、感じ方しだいで子どもが伸びるか、伸びないかが分かれていくという、ある意味恐ろしいことがあるのです。

でも、逆に考えれば、見方が変われば、子どもをぐんぐん伸ばすことができるという意味にもなります。

## 心を癒やし、休ませるタイミング

心が変わるだけで、子どもへの対応が１８０度変わってしまう例についてお話します。日々、家事、子育て、仕事で忙しいママさんが疲れて家に帰ってきたら、子どもが勉強しておらず、ゲームばかりやっており、部屋が散らかっている状態だとします。そのとき、子どもに何と言いますか？

おそらく、「いつまでゲームやっているの！　宿題終わったの！」「部屋、ちょっとは片付けなさい！」という類のことを言うのではないでしょうか。

ではもし、年末ジャンボ宝くじ10億円が当たったとしたらどうでしょう。10億円の入金が記載された通帳を家に持って帰ってきたところです。すると、子どもが勉強しておらず、ゲームばかりやっており、部屋が散らかっている状態でした。何と言いますか？

おそらく、「ゲーム楽しそうね!!」「お母さん、部屋片付けるね～」と、いつもならありえないことを言うのではないでしょうか。

子どもの状況は全く変わっていないにもかかわらず、対応がこのように一変してしまったのは一体なぜでしょうか。それは、親の心の状態が変わったため、見え方が変わったからです。人間は心の状態によって見えるものが変わり、態度まで変わってしまうのです。

それでは、自分の今の心の状態はどのようになっているでしょうか？

いつもポジティブでいることは容易ではありません。しかし、日々忙しいと、体の疲れが溜まっていくように、心にも疲れが溜まっていきます。すると、いつしか物事をマイナス的に見るようになってしまいます。**イライラして子どもに当たる、子どもの癇癪続きで心が疲弊する、子どもの短所ばかり目につくというときは、まさにそういうシグナルです。**そのようなときは、心を休ませて、できれば「マインドアップを図るタイミング」というメッセージだと思ってください。

親が変われば、子どもが変わる。自分のために休むのが苦手という方は、子どものためと思ってでも、ぜひ自分をいたわることをお勧めします。

第3原則で解決！

# お悩み相談室

## Q1

日々、子どものためにやること、子どもにやらせることが多く、自分のことはいつも後回し。イライラが募ります。

## A1

イライラという言葉は親御さんに付きものです。特にママさんは日々大変な活動量であるため、心も体も疲労困憊することがあると思います。ですからイライラが出ることは自然なことです。

しかし、自然なこととはいえ、イライラが減り、ワクワクが増えるに越したことはありませんよね。

そこで次の点をおさえておいてください。

イライラは、いきなり出てくるものではなく、日々の積み重ねによって出てきたものです。つまり、少しずつ、少しずつ地層のように重なっていき、あるレベルを超えると爆発する火山のようなものです。

ですから、ポイントは、日々の少しのイライラをそのままにしないで「中和」させてしまうということです。つまり、**イライラがひとつあったら、ワクワクをひとつ作ります。マイナス1があればプラス1を作る感じです。**このようにこまめにメンテナンスをしておきます。

例えば、嫌なことがあったら、楽しいことを思い出すだけでも、感情の中和ができます。そのための仕組みを日常で取り入れる方法を第5原則で紹介しています。ぜひ後ほどご覧いただき、実践してみてください。

・・・・・・・・・

## Q2

自分は勉強ができなかったので、子どもに勉強を教えることに自信がありません。

## A2

親が勉強のできる子だった場合、その子どもも勉強ができるというケースもあれば、そうではないケースもあります。一方、親は勉強ができなかったけれど、子どもがとても勉強ができるケースもありますし、そうならないケースもあります。

このような差は一体なぜ生じるのでしょうか。それは親が自分の役割を認識しているか、していないかの差です。

親の役割とは、「原則の前に」でお話しした親ができる3つのこと、「食」「家庭内の雰囲気」「愛情」です。子どもに勉強を教えることは入っていません。もちろん、未就学児の場合や小学校低学年の頃は多少勉強を教える場面もあるかもしれませんが、子どもが大きくなるにつれて親は教えません。というより教えてはいけないのです。教えると、ほぼ間違いなく、親子でトラブります。教えるのではなく怒ってしまうことがあるからです。

親が勉強ができるとか、教え方がどうとかいう問題ではなく、「どのように子どもの勉強のやる気を引き出すか」が大事になるのですが、それも本来は親の役割ではなく、学校の先生や塾の先生たちの役割です。ですから、わからないことは専門家（先生）に任せ、親はマネージャーに徹するといいでしょう。芸能人のマネージャーさんは演技や歌の指導はしませんよね。マネージャーは、情報収集や時間管理など、芸能人が円滑に活動できるように調整するのが役割です。

**親は勉強を教える専門家ではなく、マネージャーになるといいと思います。**ということは、親が勉強ができるかできないかという問題は、問題ではないということになります。

# 第4原則

## 子どもには上から目線でなく、水平目線で

## 子どもは親のことを、目上の人とは思っていません

子どもができて親となると、子どものことが可愛いと思う一方で、何とかしつけていかなければならない、教育しなければならないという義務感に近い感情が芽生えます。するといつしか、命令的な言葉を使うようになります。そこから問題が生まれ、悩みが生まれ、イライラが生まれます。

そもそも親はなぜ、子どもに対して上から目線で語るのでしょうか？

おそらく、自分が産んだり、育てたりしていることで、子どもは未熟者という認識が強いからだと思います。未熟者と思ってしまう理由はいくつかあります。

### （1）子どもは大人ほど人生経験を積んでいません

人生経験が少ないと、当然のことながら、いつ何をどうしたらいいかわかりません。

### (2) 大人ほど言葉や知識を持っていません

ボキャブラリーレベルは大人と子どもでは圧倒的に差があることでしょう。そうなるとどうしても子どもは場違いな発言をすることがあります。また、自分の気持ちを適切に表現できる言葉を持っていないため、親が誤解してしまうこともあります。

### (3) 子どもは自分の感情をコントロールできません

脳の発達もまだ途中である子どもには、自分を客観視したり、感情を統御したりすることは難しいでしょう。親が日常生活において、子どもの感情に巻き込まれて同化してしまうほど、子どもの感情は強く素直です。

このような状況ですので、子どもにはわからないことばかりです。子どもがわからないときは教えてあげればいいのですが、親がイライラしてくると、教えるのではなく、きつい口調で怒ってしまうことがあります。

では、子どもは親のことを上の立場の人と思っているでしょうか。残念ながら、上とは思っていない可能性が極めて高いのです。

もし子どもが親を自分より上の立場の人と思っていたら、まずタメ口はきいてきませんし、反発・反抗などもってのほかです。しかし、実際は、タメ口で話してきますし、親に反発もします。つまり、子どもは親のことを上の立場の人とは思っていないのです。江戸時代の封建的な武家の家庭であれば、父母に対する口のきき方、態度は明確な上下関係に基づいて行われます。現代は、江戸時代のそれとは全く異なります。

このような背景があるため、親子の間でギャップが発生します。親が子どもを下の立場と見る一方で、子どもは親を自分と同レベルの立場であると認識することでトラブルが起こるということです。

親子だけではありません。兄弟姉妹間でも同様です。兄、姉は弟や妹を下と見ていますが、弟や妹は兄、姉を上と見ていません。ですから「自分の分が少ない！」と弟や妹が文句を言うことがありますよね。年齢が下（身体が小さい）なのだから少ないのは当然と周囲は言っても、下の子は納得しません。その背景には、「平等」意識があるためです。この実態を知っておかないと、親は子どもを力でねじ伏せようとしてしまいます。

では、同等の立場の人からもし自分が指示・命令されたらどんなことを感じるでしょうか。

例えば、ママさんがパパから「早くご飯を作りなさい！」と言われたらどうでしょうか。ママさんはパパと同じ立場にあると通常考えていると思います。同等の立場の人から命令されたので、腹が立ちますよね。「ご飯なんか二度と作るものか！」となるのはまだマシな方で、「わかりました。今日までありがとうございました。お元気で」と取り返しのつかないことになりかねません。

まさに子どもはこのような感じで、親からの指示・命令を受け取っていると考えていいでしょう。

# 親視点でなく子ども視点で考える

親になると親の役を演じていきます。そうすると必然的に、親の立場、親の視点から物事を考えるようになっていきます。もちろん、それは悪いことではありません。親になったのですから、親の役割を担う必要があります。

しかし、同時に大切なのは、「子ども視点」も持っておくということです。これが、第4原則【子どもには上から目線でなく、水平目線で】のひとつの方法になります。

**子ども視点とは、子どもの立場だったらどう感じるか、どう考えるかということです。**

「小学校受験」「中学受験」「習い事」の3つを例に考えてみましょう。

## 小学校受験

小学校受験をする子どもは、全体の割合から見るとかなりマイナーで、約2パーセントです（令和5年度　学校基本調査）。小学校受験を考える家庭はそれほど多くはありません。子どもも当然のことながら受験したいと自ら言いだすことはありません。基本的には親が決めていきます。

受験すると決めたら、受験塾に入ることになると思います。いわゆるお受験塾です。お受験という表現には何か揶揄するようなものが含まれていますが、私は小学校受験を否定しません。私のベースとなっている考え方は、「子どもにとってふさわしい学習環境が用意できるのであれば、国公立、私立を問わない」というものだからです。

さて、この小学校受験をするにあたり問題が起こるとしたら、塾に入れたものの、子どもが一向にやる気になっていかない場合です。つまり、親は勉強をさせたいけれども、子どもが嫌がっているという場合です。この場合、無理してやらせない方がよいと思います。

親視点では、「将来この子にとって望ましい環境が用意されるのだから、なんとしても○○小学校に入れたい」となると思いますが、子ども視点では「今は勉強ではなく、たくさん遊びたい」ということになります。子どもの成長は皆異なります。たまたま小学校受験に必要な学びに興味がある子であればよいかもしれませんが、そうでないのに無理してやらせてしまうと、「学び＝嫌なこと」という刷り込みが入り、その後の学びに影響を与える可能性がないとも言えないからです。

親の考え方を優先するか、それとも子どもの気持ちを優先するか。最終的には子どもの状態を優先する方が無難なケースが少なくありません。親は先を読むことができる一方で、欲によってそれがなされている可能性もあります。ですから、親視点と子ども視点の双方から考えていく必要があります。

## 中学受験

中学受験は令和になっても衰えることなく、首都圏を中心にますます盛んになっています。しかし、全国的に見れば、大きなバラツキがあります。最も盛んな都道府県は言わずと知れた東京都です。しかしその東京都ですら私立中学に進むのは2割というのは先述した通りです。

私は東京の私立中高一貫校の改革のため、7年間常務理事という立場で私学の経営者をやっていたことがあります。ですから私学サイドからの視点もわかっています。

もちろん私学の経営者や先生たちは公立とは異なり、実績が出なければ死活問題となるため、日々研鑽と企業並みの努力をされているところが多々あります。そのため私学独自の特色を明確にしています。ですから、子どもが私学の建学の精神や特徴に合致している場合、その私学に進学することでさらに伸びることもあります。

しかし、中学受験で大切なことは、周囲が受験をしているからといって、自分の子どもも受験させなければならないと考えるのは早計だということです。なぜなら、子どもには「早咲きの子」と「遅咲きの子」がいるからです。

### ◇早咲きの子

早咲きの子とは、小学生の段階ですでに知的好奇心が強く、小学校の学習内容が簡単すぎてつまらないという状態にある子のことを言います。具体的に言えば次のような特徴がある子が中学受験には向いているということになります。

- 特定の分野に偏った好み・得意を持つ
- 高度な知能・技能を必要とする将来の目標が定まっている
- 探究型学びを好む

●競争心を持つ
●飽きっぽい性格ではない

これらの特徴を持つ子は、通常の学年相当とは異なる状態にある子ですが、これが異常であるわけではありません。公立の小学校は一般的な子どもの成長に合わせてカリキュラムが組まれているので、そのラインに乗っているのであれば通常の公立路線が望ましいですが、そうでなければ私立という道も考えることができるという意味です。

また、これらの特徴がなくても国立／私立という道もあります。それは、子どもに合った特徴を持つ私立の学校であれば子どもが活き活きと生活できるという場合で、それはそれで問題ありません。例えばＩＴに力を入れている学校、国際的な学びに力を入れている学校など、すでに子どもに興味関心があり、学校の特徴が合致しているのであれば中学受験もひとつの方法です。

### ◇遅咲きの子（一般的）

遅咲きという言葉を使っていますが、遅れているという意味ではありません。どちらかというと一般的という意味です。つまり、通常路線はこちらになります。かく言う私も、遅咲きの子でした。どう考えても高度な内容を扱う中学受験の勉強には適していませんでしたので、よくわかります。世の中の実態としては、この遅咲きタイプが圧倒的多数だと思います。

この子たちは、いわゆる**「高校受験に向いている子」**と言ってもいいでしょう。特徴は次のようなものです。

- 精神年齢は実年齢相応
- コミュニケーション能力がある程度あり、広範囲な友人を持つことができる
- 勉強に限らず、広範囲にわたって活動的
- ひとつのことに偏ったのめり込み方をあまりしない

このように早咲きの子、遅咲きの子がいますが、早咲きだからといって中学受験をさせなければならないというものではありませんし、遅咲きだからといって中学受験をしてはいけないというものでもありません。あくまでもひとつの目安と思ってください。

子どもにはそれぞれ傾向、タイプがありますが、それを無視して、親の視点だけで中学受験をさせると悲劇が起こることがあります。教育虐待という言葉を近年よく耳にするようになりましたが、まさに中学受験で起こるようです。親がイライラして子どものテキストを捨てるなどは頻繁にあり、時に破り捨てることや、嫌がる子どもに勉強を強要して子どもが心身のバランスを崩すということもあるようです。親もはじめは「子どものため」と思ってやっていたけれど、いつしか「親のため」にすり替わっていることに気づかず、子どもを心理的に虐待しているというケースがそれです。

「周囲が皆、中学受験しているからうちもやらないと」という理由で中学受験をすることが果たして正しいことなのかも疑問です。表面的には「〇〇中学は子どもに合っている」という理由を作り、本音のところでは周囲に合わせているだけである場合、子どもの特徴と合っていないと悲劇となります。子どもが伸びないどころか、親子関係にヒビが入り、親も子も後悔しているという相談はこれまでいくつもありました。

しかし一方で、前述したように小学校の勉強が簡単すぎてバカバカしいという状況にある場合、その子には高度な内容が必要なので、中学受験レベルの内容をやらせると、水を得た魚のように活き活きとしていくことも実際にあります。

ですから、親視点のみならず子ども視点も入れて判断をしていくといいでしょう。

## 習い事

子どもが未就学児のときから習い事は盛んです。種類は運動系（水泳、体操、武道、球技など）、芸術系（絵画、音楽、書道、バレエなど）、勉強系（幼児教育、塾、英会話など）、その他（そろばん、囲碁・将棋、プログラミング教室など）様々あります。子どもに早い段階から何かを身につけさせたいと思う親御さんも多いです。

習い事では、どうやって習い事を選択するか、子どもがやめたいと言ったときにどう対応をすればいいのかということで親の悩みが出てきます。そのとき、つい親視点で判断しがちですが、子どもの様子を見ながら子ども視点で対応していくことが大切です。

### ◇習い事の選択

### （1）子どもが「やってみてもいい」と思うものを、まずはお試し

子どもが小さい頃、習い事は親主導で始めることが少なくありません。しかし、親がい

くら良いと思っても、子どもの感性や性格に合わないことは往々にしてあることです。ですから、子どもの「やってみてもいい」という感覚が大切になります。

もちろん、子どもの「やりたい！」という気持ちがあることが理想ですが、人見知りの子や知らない場所への抵抗感を持つ子もいます。そのような子の場合は「やってみてもいい」という程度の気持ちがあれば十分でしょう。

子どもの気持ちを知るためには**体験レッスンを利用**してみてください。試してみて、もちろん合わなければ1回で終了です。体験レッスンを受けて、子どもに「やってみてもいい」という気持ちが出てくれれば、とりあえずは子どもの感性と一致している可能性が高いでしょう。

## (2) 才能を伸ばすことを目的にしない

子どもの才能を伸ばしてあげたいと思って習い事をさせるのに、それを目的にしないと言われると、違和感を持つかもしれません。「才能を伸ばすことを目的にしない」をなぜ推奨するかと言いますと、それを目的にすると親は伸びているか伸びていないかを判断基準にして子どもを見てしまうからです。子どもに余計なプレッシャーを与えたり、教室への不信感に発展したりすることもあります。

このケースに私はこれまで数多く遭遇してきました。習い事をさせると親の期待値はかなり高くなり、中には短期間で伸びることを想定している人もいます。もちろん、才能が元々目に見える形で露出している子もおり、そのような子は短期間で目覚ましい発展を遂げる場合もあります。しかし、それは極めて稀なケースと考えるといいでしょう。

ですから、**「子どもに幅広い体験、経験をさせてあげよう！」という感覚で習い事を始めることをお勧めします。**すると、子どもは習い事を楽しむようになり、そしてその方が才能や能力が開花していきます。「才能を伸ばすことを目的としない方が、才能が伸びていく」というパラドックスがあることも知っておくといいでしょう。

## (3) 指導してくれる人との相性を見る

習い事で「何を学ぶか」も大切ですが、それよりも「誰に学ぶか」の方がはるかに大切です。このことは、親御さんも過去に経験されてきたのではないでしょうか。物理が嫌いになったのは、物理を上手に教える先生に出会っていないから、算数が苦手になったのは小学校の先生が嫌いだったからというケースはよく聞きます。特に感受性の強い子どもにとっては、「誰が教えるのか？」が極めて重要な判断基準になります。その視点で習い事の判断をされるといいと思います。

## 習い事に行きたくないと言われた場合

習い事に付きものである子どもの「行きたくない」という言葉。これは多くの親が直面する言葉のひとつです。そのようなとき親はどう対応したらいいでしょうか。通常はそのまま行かせ、本当に嫌がってどうしようもなくなってからやめさせるでしょう。

しかし、「行きたくない」は次の3つのパターンに分かれます。この3つのいずれに当てはまるかで対応を変えてみてください。

### (1) 一時的な原因で「行きたくない」場合

これが最も多い原因です。先生に怒られたとか、習い事先の友達と気まずい雰囲気になったということが、このケースに当てはまります。つまり、一時的、一過性の問題であるため、その習い事自体が嫌いになっているわけではありません。その場合は、「さっさと行っておいで」と勢いで行かせてしまいます。

### （2）毎回「行きたくない」と口にする場合

駄々をこねるように何度も「行きたくない」と言う場合があります。このような場合は、「わかった。そんなに行きたくないなら、やめよう！」と言ってみてください。子どもは親がやめないように説得してくることを〝期待〟しているため、その〝期待〟を裏切るのです。すると、子どもは「行く」と言い出すことがあります。そのようなときは、本当に行きたくない、やめたいのではなく、親がどういう反応をするか試している可能性があります。ですからこのような場合は、子どもに行くように説得はしません。説得すればするほど「行かない」と意固地になるからです。

### （3）習い事への興味関心がなくなっている場合

この場合は基本的にやめさせます。心が離れている段階では、もはや継続しても意味がほとんどないからです。目安としては3週間続けて同じ状態であれば心が離れていると考えていいでしょう。しかし、次のような心配をされる方がいるかもしれませんね。

「興味がなくなったからと言って、すぐにやめてばかりだと我慢強い子にならないのではないでしょうか？」

確かに、「継続は力なり」は正しいです。継続していれば、伸び方に差はあれども、それなりに伸びていくとはよく言われています。しかし、やりたくないことを我慢して継続することに果たして意味があるでしょうか。特に子どもの頃は好き嫌いがはっきりしているので、嫌いな状態で継続しても、力になるどころか、ますます嫌いになるだけということもあるのです。

継続の前提として「やりたいこと」「好きなこと」「ワクワクすること」が根底にあり、その上で一時的に嫌なことがあっても、続けると伸びていくと私は考えています。

たまたま大好きな習い事に出合い、それを深く追求し、継続して極めていくということもあるでしょうが、複数の習い事を浅く広く「経験する」ことで、それらの「経験」がその後の人生に役立つことはよくあることです。ですから、継続は大切ですが、なんでも継続すればいいというものではないと考えておいてください。

# 「指示・命令・脅迫・説得」がもたらす結末

子どもに対して上から目線になっているときに、親が使用してしまう4つの代表的な話し方があります。「指示」「命令」「脅迫」「説得」の4つです。これらは使っても全く効果がないのにもかかわらず、日常で頻繁に使われています。

## ×指示する

「○○をやっておくように」という構文です。例えば、「おやつを食べたら勉強するように」です。さすがに子どもが小さいときはこのような指示も必要ですし、声かけをしてあげなければ子どもはどうしていいかわかりません。しかし、子どもが大きくなっても動かないからと言って指示ばかりしていると、指示がないと行動できない人になっていきます。指示慣れしてしまうからです。

**×命令する**

「○○しなさい！」という構文です。代表的な声かけに、「早くしなさい！」があります。「着替えなさい」「顔を洗いなさい」「靴を履きなさい」など、朝の時間帯にこの構文が頻発することがあるようです。

命令形を使わずに朝の時間をスムーズに過ごせているご家庭からは、「どうすれば早くできるかを考えて対応する方が、子どもがやる気を出す効果があった」と聞いています。例えば、「朝に子どもがやりたいことをする時間を作る」「タイマーを使う」「友達が迎えに来るよ（と、ひとつ先のことを伝える）」などです。命令では、子どもの行動は引き出せません。

**×脅迫する**

「○○しないと、△△になるよ」という構文です。例えば、「今やっておかないと、後で大変になるよ」などです。親は脅迫とは思っていないでしょうが、子どもにとっては脅しの一種です。このような恐怖を煽る脅迫構文では、一時的に行動を起こすことはできても、継続的な行動にはつながりません。また、子どもが大人になっても親が同じ構文を使って行動させ続ける可能性があります。

### ×説得する

状況によっては説得が必要な場面もあると思います。どうしても今ここで、子どもに説いておかないといけない場合です。しかし、そのような場面が頻繁にあるとは思えません。例えば、「大切なことだから頑張りなさい」という言葉を子どもに使ったとします。子どもが真剣に耳を傾け、「はい！　わかりました！」と応えるときは有効です。しかし、お小言を言うように、「大切なことだから頑張りなさい」と言えば、それは全く子どもの心に響いていません。それどころか、「また始まったよ」と感じているだけです。

このように、これら４つの話し方は「上から目線構文」と言って、効果がないどころか、逆効果になってしまうものです。

しかし、日常生活において全く使わないということは難しいと思います。ですから、使ってしまっても大丈夫です。使用頻度がこれまでよりも下がっていけばＯＫです。日々頻繁に使っている自覚があれば、少し意識するだけでも随分と減少します。それだけでも、子どもはこれまでと違った反応を示してきます。「全く言わないようにする」のではなく、「減らしてみよう」という程度で取り組んでみてくださいね。

# 親は選択肢を出し、子どもが決定する

「子どもに対して親は上から目線にしない方がいい」というのであれば、「ではどうすればいいの？」と思うかもしれませんね。

日常の諸々に対して、親が主導していく場面もあるとは思いますが、**基本的に「子どもが決定した」という形を取ることをお勧めします。なぜなら、親が決定していると、その決定後に子どもにとって良くない出来事が起こった場合、ほぼ間違いなく親の責任にしていくからです。**

特に学校、習い事、塾などの選択の場面では意識しましょう。学校の選択を親が決定すると子どもは進学後、その学校で面白くないことが起こると、「こんな学校に行きたくなかった。学校を選択した親が悪い」という思考になることがあります。親としては子どものためを思って選択、決定したのに、それがあだとなって返ってくるという何とも残念な結果になりかねません。ですから、「親は選択肢を出し、子どもが決定する」という形を取ってみてください。

宿題をどうするかという例で考えてみましょう。学校に行くとほぼ確実に宿題なるものが出ます。すると宿題をしっかりやる子とやらない子に分かれてきます。やらない子の場合、親が前節の「指示」「命令」「脅迫」「説得」を使って子どもにやらせようとしますが、それは賢明ではありません。そのようなアプローチではなく、子どもに選択肢を提示していきます。そして決定権を子どもに与えます。

## ステップ1　子どもに選択肢を提示します

選択肢では、今後想定されるすべてのケースを提示することを指します。例えば、宿題の場合、選択肢は次の2つになります。

（選択肢1）宿題をするという選択
（選択肢2）宿題をしないという選択

ケースによっては選択肢が3つ以上の場合もありますが、すべての選択肢でモレなくダブりなく網羅している必要があります。そうすると、いずれかを選択しなければならないことになります。子どもには「選択しないという選択ができない」状態を作ります。これによって「自己決定→自己責任」ができます。

## ステップ2　それぞれの選択肢のメリットとデメリットを公平に伝えます

（1）宿題をするという選択肢を選んだ場合
〈メリット例〉　学力が上がる、テストで点数が上がる、達成感が得られる
〈デメリット例〉　遊びの時間が減る、面倒

（2）宿題をしないという選択肢を選んだ場合
〈メリット例〉　自分のやりたいことができる時間が増える
〈デメリット例〉　先生に怒られる、成績が下がる

以上のような内容を子どもに話します。その際、**メリットとデメリットの双方を公平に話すことが大切です。**親の意図や誘導が入ってくると、子どもはそれを敏感に感じ取ります。また、メリットとデメリットは確実にそうなるわけではないため、あくまでも「可能性の話」であると伝えます。確実にそうなると伝えてしまうと、子どもは納得しませんし、例外を挙げて反発することもあります。

## ステップ3「どちらを選択するかは自由」であると伝えます

この手順が最も難しいです。なぜなら親はどうしても宿題をやってもらいたいと思っているため、「宿題をする」選択をするようにほのめかしたり、親の意見を言ったりすることがあるからです。

例えば、「選択は自由」と言っておきながら、「お母さんだったらやるけどね」とか「やった方がいいと思うけど」などと付け加えてしまうこともあります。これは明らかな誘導であり、誘導を行うと、子どもは本来の自分の意思に反してでも、親の意図とは逆の選択肢を選ぶので注意が必要です。

以上をまとめると次のようになります。

## 選択肢は親が出すが、決めるのは子どもに任せる

**すべてのケースについて
メリットとデメリットを公平に話し、
どれを選択するかは子どもに任せる。**

子どもが決定すると言われたら、「宿題をしない選択をしたらどうしよう」と思うかもしれませんね。

「指示」「命令」「脅迫」「説得」には、子どもが「拒絶できる」という道があります。しかし、すべてが網羅された選択肢が与えられた場合は選択せざるを得ないため、拒絶ができません。すると、子どもは自分ごとと捉え、自分にとってのメリットは何かを考えるようになります。

ちなみに、私はこの方法で子どもたちを指導してきましたが、自分を成長させない選択をした子に出会ったことは一度もありません。

仮に子どもが間違った選択をした場合でも、それは学びにつながり、その後、自らの選択を修正してきます。それが、「自主性」というものであると私は思っています。

# 子どもは一生懸命やっている

「子どもが家に帰るとすぐにゲームや動画視聴を始め、勉強せずにダラダラしています」という相談を多く受けます。学校から帰ってきたらまずやるべきことである宿題をやらせたいという親御さんなのでしょう。やるべきことをやってから遊びなさいという考えなのだと思います。

しかし、リラックスできない学校からやっと帰ってきたのにまた勉強させられるのは、子どもの立場からすれば辛いのではないでしょうか。仕事から帰ってきて夕ご飯を食べる前に「まずは残業しなさい！」と言われているようなものです。子どもも学校では頑張っているので、家ではまずリラックスから入るといいと思います。

しかし、リラックスはいいとしても、いつまでもダラダラしているのは問題だと思うかもしれませんね。

**一般的に家庭内での子どもの様子は、ダラダラ状態に見えると思います。でもそれは極めて普通のことであり、正常なことです。**家庭内でできていることよりも大切なことは、外の世界でできているかどうかです。

先生との面談はそのためにあります。つまり、学校や保育園、幼稚園での普段の様子を親が知ることが目的です。家でダラダラしていても、外でしっかりやっていたらそれで良いと私は思います。家庭内のしつけが外で実践されているのであれば、家庭でのしつけがうまくいっているということになります。もし家ではしっかりやっているけれども、外ではだらしないとしたら……その方が怖いですよね。よほど家庭が厳しい、怖いということになります。

子どもは外で一生懸命頑張っているので、家での少々のダラダラは容認してあげてほしいと思います。そして、大切なのでもう一度言いますが、親が家庭内で教えたことが発揮されるのは、外。つまり、**家庭外の世界で子どもがどう振る舞っているのかが大切**ということです。

## 子どもは気持ちを正確に話せない

もうひとつ、子どもが一生懸命やっていることに、こういうことがあります。子どもは外での活動について家庭で話をすると思いますが、彼らなりに知っているボキャブラリーを使って一生懸命説明しています。しかし、そのとき注意することがあります。

それは、**子どもは自分の気持ちを的確に表現するためのボキャブラリーを持っていない**ということです。子どもが「学校で嫌なことがあった」と言ったとします。すると親は「嫌なこと」という言葉をストレートに受け取り、これは大変なことが起こってしまったと焦ることがあります。しかし、子どもは自分の気持ちや状況をまだ適切に説明することができません。

大人でも、例えば英語を学びたてで海外に行き、「どうだった?」と英語で聞かれて、他に単語を知らないために「Good」と言ったとしましょう。内心ではGoodじゃないんだよなと思いながらも、その単語しか知らないので表現できません。しかし、それを聞いた相手は「Goodなんだね」と解釈してしまいます。ここから微妙なズレが生じるのです。これと同じ現象が大人と子どもとの間で発生します。

つまり、子どもは自分の気持ちを正確に話すことができていないということです。学校でのトラブルについても同様です。ですから**とりあえず話を聞いて、わからない部分を、怒り口調ではなく自然に尋ねてみてください。そうして、徐々に話の解像度を上げていきます。**するとようやく言いたいことがわかってきます。そのようなプロセスを経ずに、解像度が低い状態で受け取ってしまうと、後々とんでもない勘違いからトラブルに発展することもあります。

子どもは子どもなりに一生懸命頑張っているのです。しかし、その頑張りを大人は別の形で受け取ってしまうことがあります。これは頻繁に起こっている問題ですので、ぜひ心得ておかれるといいと思います。

第4原則で解決！

# お悩み相談室

Q

中2の長女の定期テストに口を出しすぎ、小5の次女には「勉強しなさい」と口うるさく言ってしまっているためか、二人とも勉強嫌いになってしまいました。

長女の塾選び（何でもいいと本人は言っています）や次女への声かけについてアドバイスをお願いします。

A

この質問を読んで、「ドキッ」とした方もいるのではないでしょうか。「勉強しなさい」と口うるさい親、これはまさに自分ではないかと……。

もちろん、それが必ず子どもの勉強嫌いに直結するとは限りませんが、私が過去数千人の親子を見てきた経験から、そうなる可能性は決して低くありません。

ご質問は、中2の子のための塾選びと、勉強嫌いになった小5の子にどう声かけをするかという内容ですが、実はこの2つの質問への回答はひとつに集約できます。

それは、「**これ以上、子どもの勉強に関して『声かけをしない』**」ということです。

娘さんは、「何でもいいよ」と投げやりになっています。親が介入しすぎるせいで、自発性を失っている可能性もあります。親の必死な声かけも、もはや「うざい」と思われているだけかもしれません。

こうした状況で親が塾選びに必死になっても、効果は薄いどころか、逆効果になると思われます。もし「○○のような塾がいいでしょう」と聞いて、塾に入れたとしても、成果が出ずに親がやめさせる……そんな展開も想像できます。

私は長年、学習塾を経営してきましたが、親の都合で無理やり入塾させられたお子さんの成果が出ないことは大変多くありました。すると親は、成績が上がらないのは塾の問題、もしくは子どもに合っていないと考え、塾を転々とさせたりしますが、論点はそこではありません。問題の本質は、塾の選択ではなく、親のあり方にあると言っても過言ではありません。

そこで、「これ以上、子どもの勉強に関しては『声かけをしない』」というご提案になるのです。

「そんなことをしたら一切勉強をせず、成績は地に落ちてしまう」と思われる方も多いかもしれません。しかし、30年以上塾や学校の経営に携わってきた私の経験上、多くの場合はそうなりません。むしろ成績が上がったと、驚きの声をたくさんいただいてきました。

例えば私が開催するMama Caféに過去5回ほどお越しになったAさんのケース。中2の息子さんの学校での成績は真ん中より下で、母親であるAさんは悩んでおられました。そのAさんにも口うるさく言ってしまう傾向があると聞き、まずはそれを思い切って、やめることを勧めました。

最初は2、3日で我慢できなくなり、つい口を出してしまっていたそうですが、ある日、Aさんはついに「諦めた」そうです。中学生の子の勉強に口を出してきてうまくいっていないのだから、一度本気で口出しをやめてみようと。

するとどうなったでしょうか。1カ月ほど過ぎた頃、息子さんに自分から勉強に取り組む様子が見られ始めました。そしてその後の中間テスト、期末テストと、次第に順位を上げていき、1年ほど経った頃には学校で成績上位になったというのです。

まさかと思われるかもしれませんが、これは非常によくご報告いただく話です。

この事例を聞いて、自分も試してみようかと思った方には、具体的に以下のような進め方をご紹介したいと思います。

## 口うるさい親が取るべき3つの対策

### ① 勉強についての口出しをやめ、代わりにたくさん〝雑談〟する

これまでの親子の会話の歴史を辿れば、勉強については、親からの「上から目線」の話が多かったことでしょう。親は勉強のことになると「宿題やりなさい！」「もう勉強の時間だよ、いつになったらやるの！」とやたらと強制的な言葉で語りかけます。

もし、上司と部下の関係のように、子どもが親を上の人間と思っていれば、反発はできず、嫌々ながらでもすぐに動かざるを得ません。それは嫌々勉強するという事態を引き起こし、あまりいい結果につながりません。

一方、勉強以外の場での親子のコミュニケーションに、そこまで「上下関係」が

あるでしょうか。雑談のときは、上下なく楽しく話していることも多いかと思います。

**親にできることは、そうした上下関係のない会話を通じて、日頃から親子の信頼関係を作ることです。その関係性があれば、子どもの側から、勉強や進路、塾などの相談を親にしてみようかと考えることがあります。**必要なのは、そうして子ども自身に考えてもらい、判断させることです。そのときは真剣に対応し、相談に乗ってあげ、最終判断は子どもにさせるという形を取られるといいでしょう。

### ② 子どもの長所をさらに伸ばすようにする

親がいつも「口うるさい」状態にあるということは、子どもの短所ばかり見ている可能性があります。

人は、自分の長所はあまり認識せず、短所ばかり自覚しているということがよくあります。

例えば、人から「〇〇さんはいつも丁寧で感じがいいわね」と言われても、自分ではそれが普通なので、印象に残りにくいでしょう。一方、「〇〇さんは声が小さいね」と言われたら、きっと少し腹が立つでしょう。短所は、人に言われずとも痛いほど自覚しているでしょうから。

その「自覚できていない長所」をあえて言葉にしてあげることで、長所がさらに伸びていきます。自己肯定感が高まり、言動が前向きになるなかで、短所は放っておいても後から「自己修正」が始まることが多くあります。

例えば成績が伸び悩んでいるとしても、課題や宿題がしっかりと出せているなら、やるべきことがしっかりとできているという点に着目して触れてあげます。課題や宿題をしっかり出せるのが、当たり前のことだと思ってはいけません。それができない子が世の中には山ほどいます。長所を指摘してあげると、子どもの側から、成績を上げたいから○○の塾に行きたいとか、勉強方法を知りたいというアクションを起こしてくることがあります。

### (3) 親自身が自分の人生を楽しむことに意識をおく

家庭内で、親にいつも見張られ「ああしなさい、こうしなさい」と言われている子どもは、日々に息苦しさを感じていることでしょう。勉強についてはなおさらです。「**親は決して教師ではない**」と知る必要があります。教師になるのではなく、勉強について子どもから相談されたら積極的に話を聞いてあげ、自分の判断で進めるように支援してあげましょう。

しかし、「いつまでも、うちの子は勉強にスイッチが入らない」と、やきもきする人もいます。やきもきしている段階で、親はすでに子どもの勉強に〝意識が行きすぎている〟と考えていいでしょう。

中学生ともなれば、自主的に考え、行動する力があります。それがないように見えるとすれば、親が「**やりすぎ、出すぎ、追い詰めすぎ**」の状態にあります。

では、親はどうすればいいのかといえば、子どもの勉強よりも自分が楽しめること、ワクワクすることに時間と意識を使いましょう。口うるさくするよりも、そのような親の姿を見る方が、圧倒的に子どもにモチベーションを与えます。

いつも自分を監視している親を見ることと、ワクワクしながら人生を楽しんでいる親を見ること、どちらが子どもにとって有益であるか、今一度考えてみてください。

以上、3つの対策について書きましたが、まだ「本当に口出しをやめていいのか」「本当に効果が出るのか」信じられない方もいるでしょう。

しかし、口出しをやめてうまくいった多くの親御さんたちも、はじめは「そのようなことは信じられない。うちの子は言わないとやらない」と言っていました。何年も口うるさくしてきてうまくいっていないのでしたらぜひ一度、数カ月、試してみてください。

# 第5原則

## どうすれば子どもが良くなるかではなく、「楽しくなるか」

## 子どもを良くしようと思うと、焦り、不安、イライラが出てきます

**第5原則は、【どうすれば子どもが良くなるかではなく、「楽しくなるか」】です。**

子どもが生まれて親になると「幸せになってもらいたい」「健康に育ってほしい」と誰しも思うものです。このような気持ちはとても大切です。しかし、子どもが大きくなるにつれ、徐々に親の言うことを聞かなくなり、親が子どもを正そうとする機会が増えていきます。親の小言も増えます。すると、親が言えば言うほど、子どもはますます親の言うことを聞かなくなる現象がしばしば起こります。

親も人間ですから、はじめは焦りの感情から言っていたのが、次に不安な気持ちになり、そこからモヤモヤ感情が出始め、それがイライラ感情になるとストップが利かなくなり、最後は激しく叱る、怒るという状態に到達します。

このような感情の変化が起こっていくそもそもの源は何でしょうか。それは、「子どもを良くしたいという思いの強さ」です。

子どもを良くしよう、良くしようと思えば思うほど空回りしていき、子どもが良くならないどころか悪化していくことがあります。本当に世の中はパラドックスですよね。自分の思いとは真逆の結果となってしまうとは。例えば次のようなことは日常でよく起こっています。すでに経験されている方もいるかもしれませんね。

（親）勉強しなさい！　↓（子）やりたくない！
（親）ゲームをやめなさい！　↓（子）もっとやる！
（親）〇〇学校に決めた方がいい！　↓（子）別の学校がいい！
（親）習い事を続けなさい！　↓（子）やめたい！
（親）習い事をやめてしまいなさい！　↓（子）やめない！

これらを一般に天邪鬼《あまのじゃく》と言いますが、何も子どもだけとは限りません。私たち大人にも共通する人間の心理作用です。

そして皮肉にも、親が「子どもを良くしていきたい！」という感情を持ち続けることに疲れ果て、手放したときから子どもが変わり始めます。何ともやりきれないと思われるかもしれませんが、これが実態です。

では、子どもを良くしたいという感情は良くないことなのでしょうか。いえ、とても良い思いです。でもこれまでの話を聞いて、「良くしたいと思ってはいけないのでは？」と考えるかもしれません。

ここで大切なことは「強い感情か否か」ということなのです。

上記の表現で言えば「！」のマークは強さを表しています。つまり子どもを良くしたいという意識が強ければ強いほど、逆行するということです。

ママさんたちから「はじめはやさしく言っていたのに、子どもが言うことを聞かないため、だんだんと強い小言となり、最後は激しい口調になってしまいます」という話をよく聞きます。口調が強くなればなるほど子どもは聞く耳を持たなくなり、それに対して親側もさらにエキサイトしていき、最後は力でねじ伏せるか、子どもの猛烈な反発に親が屈していくかのどちらかの結末となります。

はじめの段階で効果がないことを悟り、別の手段に移ればいいのですが、効果がないと強く言う方向に行ってしまうのですね。そして、強ければ強いほど、ますます子どもは逆行していくため、もはや手の打ちようはなくなります。

それが日々繰り返されていると、「この子に問題があるのでは?」と思うこともあるでしょう。しかし、実態は「親のアプローチに問題がある」のです。なかなかそれに気づくことができない場合が多いようですが。

## 良くしようという気持ちは、他者との「比較」から生まれます

そもそも親はなぜ子どもをそんなに良くしたいと思うのでしょうか。理由は様々ありますが、その理由のひとつに、他者との「比較」があります。特に「他者より劣っている部分を何とかさせたい」という希望が強くなると、それを改善したい、良くしたいという気持ちが強く出てきます。比較はそれだけ厄介なものです。

子どもの頃もそうですが、大人になっても「比較」にさらされることがあります。人は一人で生きているわけではなく、他者との関係性の中で生きています。嫌でも他者が目に入る以上、「比較」せずに生きていくことは容易ではありません。意識せずとも、無意識に比較をしてしまうことも、よくあることです。

大人の世界では、Facebook や Instagram に投稿された〝キラキラ〟な写真やメッセージを見て、鬱々とした気分になるという話をよく聞きます。そのようなことに対して「すご～い」「(心から)素晴らしい！」と思える人もいますが、そうではない感情を持つ人も少なくありません。これは、他者との比較がベースにあり、相対的にそうではない自分を下げてしまうからではないかと思われます。このように厄介な「比較」ですが、子育てが始まると、比較対象が多様化していきます。

私が Mama Café で相談を受ける中で感じることは、特に子どもが未就学児から小学校低学年の頃は、他との比較で悩む親御さんが少なくないということです（もう少し年齢が上がると、比較もしますが諦めも出ているので、周りと比べての悩みはそこまで深くなりません）。

そのときの比較対象は、（1）同年齢の子、（2）兄弟姉妹間、（3）親の子どもの頃、の3つに分けられます。

### (1) 同年齢の子

周囲の同年齢の子がやっていることが気になり、やっていない自分の子どもを見て焦ることはしばしば起こります。つまり周囲がやっていることが標準であると錯覚し、自分の子どもは劣っているのではないかと不安を感じるようです。

このような比較は今に始まったわけではなく、子どもが生まれたときから同じような比較をしていた可能性があります。例えば、「母子手帳に書かれた発育曲線から外れると心配する」「『○歳で服を着ることができる、△歳で歯磨きができる』と書かれているのを見て、できていないと不安になる」などです。つまり、自分が見えている世界や示された平均を標準と考え、そのゾーンにいないと不安になるわけです。

標準はあくまでも全体の中央値であって、上もいれば下もいます。その平均が標準というだけの話なのです。

### (2) 兄弟姉妹間

兄弟姉妹がいる場合は、子どもたちの様子が日々目に入り、比較の連続になることもあります。

例えば、「上の子は言わなくてもしっかりやる子だったけれど、下の子は言わないと動こうともしない」とか、「下の子は活発に行動するけれど、上の子は本ばかり読んでコミュニケーションが苦手」など、様々な比較が行われます。そして得てして、その子の〝凹んでいる部分〟に意識が向かいます。

### (3) 親の子どもの頃

自分が子どもの頃はこんなにだらしなくなかったとか、もっと勉強していたなど、子どもの頃の自分と目の前の子どもを比較することがあります。

自分の過去を美化している可能性もあるため事実は怪しいこともありますが、そもそも、親と子どもでは人格が異なるため、冷静に考えれば同じであることはありえないとわかります。しかし、なかなかそう思えない現実があります。

このように、子育て中は比較対象が様々あるため、どうしても比較の頻度が上がっていきます。ですから、比較をやめようとしても、それはかなり難しい話になります。

そこで、私は「比較は逆に利用してしまう」ことを提案しています。

予想外の提案に驚かれるかもしれませんが、比較する目的は、今までとは真逆になります。つまり、**「比較して凹む」のではなく、「比較して伸ばす」**ことを目的とします。

どうしても子どもを他者と比較してしまう方は、次の2つのいずれかを試してみてください。

## 他者と比較して「伸ばす」方法

### 方法1　周囲の子と比較して、自分の子どもの良い部分を見つける

同じ比較をするのであれば、良いところを見つけてください。例えば、「お友達は歌が上手だけれど、うちの子は友達とのコミュニケーションがよくできる」「友達は外向的で積極的だけれども、うちの子は読書が好きでのめり込む力がある」などです。これらは比較することで見つかることです。そうでないと、せっかくの長所が、単なる子どもの特徴としてしか見えず、伸ばすことができません。

これは兄弟姉妹間でもできます。それぞれの子どもたちを〝比較〟することで、その子独自の良い部分や特徴を見つけ出していきます。紙に書いて一覧表にしてみるのもいいでしょう。

つまり、比較はその子の凹の部分を見つけるためにするのではなく、凸の部分を見つけるためにしていきます。

## 方法2 比較して足りない部分があると感じたら、すぐ補おうとせず「情報」として受け取り、さらに調べる

例えば、友達の多くが中学受験の塾に行っているということであれば、中学受験をする子が多いという事実としての情報を受け取ります。そこですぐに塾に入れるかどうかを考えるのではなく、派生的に調べていきます。

例えば、「何割ぐらいの子が中学受験するのか」「どのような塾に通っているのか」「どのような中学校があるのか」「中学受験生はどのような勉強をするのか」「親の負担はどの程度あるのか」「中学受験する適性を自分の子どもが持っているのか」「費用がどの程度かかるのか」「地元の公立中はどんな様子か」などです。情報を多面的に仕入れることで、総合的な判断ができます。すると中学受験以外にも複数の道があることがわかり、不安感や焦燥感は減少していきます。

昨今、他者との比較によって自分の価値を低めてしまうケースが大人の世界でも少なからず起こっています。多様性の時代と言われながら、同質性を求めてしまう傾向があるようです。

人は、それぞれ固有の特徴を持っており、それを長所と言います。長所をいかに見つけ、伸ばすのかということに焦点が当てられれば、世の中はもっと平和的に発展できると思っています。比較しない世界を作るのではなく、比較を有効活用し、長所を伸ばしていきましょう。

## 頑張ることから自分を解放しよう

「子育ては頑張るもの」という認識が多くの親御さんにあります。もちろん、子育てほど大変なことはありません。何しろゼロから人を育てるのですから。そのために親御さんたちは日々奮闘です。ですから頑張る必要があります。

しかし、この「頑張る」という言葉は重要ではあるけれども、何かしら悲愴感が漂う言葉として受け取られがちです。なぜでしょうか。

実は、努力逆転の法則というものがあります。これは「頑張れば頑張るほど、結果が逆方向へと進んでいく」というものです。つまり、子どもを良くしようと頑張れば頑張るほど、子どもが良くならないということになります。では、頑張るのでなければ、どうすればいいのか？

結論から先に言ってしまいましょう。

## 子どもを良くしようと頑張るのではなく、「どうやったら今を楽しめるか」を考える。

いたってシンプルな結論です。

まず、なぜ頑張ることが良くないのかをお話ししますね。

頑張るには「楽しい頑張り」と「苦しい頑張り」の2種類があります。通常使われている「頑張る」は後者の「苦しい頑張り」を指すことが一般的です。イメージとしては昭和的根性論、ねじり鉢巻きして頑張る感じです。嫌だけどやらなければならないときの努力がこれにあたります。この「苦しい頑張り」は、一時的で短期間であれば有効なこともあります。しかし、長期間継続を伴うことには向いていません。そんな苦しい状態が長く続くはずもありませんから。

しかし、頑張りにはもうひとつ「楽しい頑張り」があります。

「楽しい頑張り」は、実は本人には頑張っているという認識はありません。なぜなら、やりたくてやっているからです。でも、傍からは、「よく頑張っているね～」と言われたりします。

例えば、昆虫を好きな子が毎日昆虫図鑑を見たり、休日には公園に終日昆虫を探しに行ったりしている姿を見て、よく頑張っていると思うかもしれませんが、本人は何とも思っていないはずです。サッカーを好きな子が毎日サッカーの練習をしている姿を見て、「よく努力しているね〜」と思うかもしれませんが、本人はもっとやりたいと思っているはずです。

大人も同じだと思います。自分が好きなことは我を忘れて夢中になっているのではないでしょうか。私も毎年１３０回以上Mama Caféを開催したり、１４００日以上連続して毎日Voicyで音声配信をしたりしていますが（２０２４年７月段階）、一度も頑張っていると思ったことがありません。なぜなら、楽しいからです。

つまり、「楽しい頑張り」は周囲から見て頑張っていると思われているのに対して、「苦しい頑張り」は本人が頑張っていると認識しているケースなのです。

では、子育てはいかがでしょうか。どちらの頑張りでしょうか。おそらく実態としては、２つの頑張りが混在している形だと思います。子どもと遊んでいるときは楽しい頑張りで、子どもに時間を守らせたり、やらなければならないことをやらせたりするときは苦しい頑張りかもしれません。こうして子どもが刻一刻と成長していく中で、親の負荷も徐々に減っていき、いつしか子育てが終わっていくのが現実だと思います。

しかし、そうは言うものの、子育ては大変なことが少なくないと思います。それであれば、その大変なことを「苦しい頑張り」で乗り切るのか、それとも別の手段で過ごしていくのかです。その別の手段が、「どうすれば今を楽しめるか」を考えることなのです。

## 「観察→アウトプット→発見」で楽しくなる

例えば、2歳のイヤイヤ期は有名ですが、それをうんざりした感情で受け止めるのではなく、ある行為をしていきます。

- イヤイヤと言うときと言わないときの違いを観察してみる
- 子どもが日々どのように変化していくか観察してみる

「観察する」というのがキーワードになります。**観察しているときは、感情が出てきません。**さらに観察したことを日記やブログに書いたり、パートナーと共有したりするなどアウトプットしていきます。

発明、発見とは人々が困っていることから生まれています。それと同じで、子育てで困ったら、そこから発見をしてみるのです。例えば、子どもが頻繁に反抗するのであれば、その共通点を考えてみます。すると、あるパターンがあることがわかります。例えば、「子どもが反抗する前に必ず親が余計な一言を言っている」などです。それであればその一言をなくせば、子どもの反抗は減るはずです。

このように観察することによって、ある種の楽しみに振り替えることができるのです。アウトプットしたものを1年後に見返すと、子どもが随分と成長したことも確認できます。

「苦しい頑張り」は力が入り、視野が狭くなります。すると観察ができません。自分が頑張りそうになったら、「ちょっと待って。観察、観察」「どうやったらこれを楽しめるか？」と言ってみてください。すると視点が一気に変わり、楽しさがじわじわと出てきます。

## 日常で「面白さ、楽しさ」を見つけるトレーニング

観察を通じて楽しみを見つける方法以外にも、子育てを面白く、楽しくすることができる方法はいくつもあります。

しかし、観察する場合もそうですが、一定期間トレーニングは必要です。これまで、子育ては大変なことばかりと思ってきた思考を書き換えてアップデートするわけですから、少々の期間トレーニングする必要があります。ちなみに、このトレーニングは苦しみを伴う頑張りではありません。楽しみを伴うものです。なにしろ、面白いこと、楽しいことを見つけるトレーニングなのですから。

でも、このようなことを聞くと、「なかなか難しい」と思われる人もいると思います。そこで、次の2つの方法をお伝えしますね。それほど難しいことではないので、気軽にできると思います。子どもがどのように変化するか楽しみになると思いますよ。

## 方法1 「短所→長所」に引っくり返してみる

短所を長所に引っくり返してみると、これまでマイナスに見えてきたことが驚くほど良く見えるようになります。180度大転換してしまうことを楽しんでみてください。なお、これは「そのように思うと良い」ではなく、本当にその通り「長所」なのです。いくつか例を挙げてみますね（詳細は拙著『子どもの長所を伸ばす5つの習慣』（集英社）をご参照ください）。

① 飽きっぽい子→幅広い経験ができる子
② すぐ諦める子→見切りがいい子
③ 意地っ張り・頑固な子→意志が強い子
④ 臆病な子→慎重な子
⑤ 怒りっぽい、短気、気分屋さん、感情の起伏が激しい、すぐ泣く子→エネルギーが有り余っている将来有望な子
⑥ 自分の意見がない子→合わせるのが上手な子
⑦ 神経質な子→細かいことによく気づく子

⑧ 責任感がない子→ストレスがたまりにくい子
⑨ 生意気な子→上下関係にこだわらない（ベンチャー向きな）子
⑩ 反抗的な子→自己主張ができる子
⑪ ひねくれている子→人と同じであろうとせずオンリーワンの素質がある子
⑫ 不平不満ばかり言う子→評論家としての素質がある子

いかがですか？

一見、どうしようもなく手に負えないと思った子が、一気に輝いて見えるのではないでしょうか。要するに、見方の問題なのです。例えば、コップに水が半分入っているとします。これを「半分しか入っていない」と見るか「半分も入っている」と見るか、２通りの見方があります。半分の状態という事実は変わりませんが、見方によって１８０度変わってしまうのです。

特にアジア人はＤＮＡ的に事実を悲観的に見る人が多いようです。ですから、放っておくとネガティブな側面から子どもを見てしまう傾向にあると思います。それをあえて引っくり返してしまうのです。するとその子は面白い、将来楽しみな子に変わってしまいます。

まるで魔法にかかったかのように。

実は、子どもの才能や能力を伸ばしている親の特徴のひとつは、子どものことをプラスの側面から見ていることです。ぜひ、そのような見方をトレーニングしてみてください。するといつしか、自然と見え方が１８０度変わっていきます。

## 方法２　子どもが変化したことを記録し、たまにプチお祝いする

これは多少筆まめな方に向いている方法です。最近では紙に記録を取るだけでなく、パソコンやスマホで記録を取る人も増えてきました。いずれにしても、家計簿をつけるように子どもの変化簿をつけることで、子どもの成長を楽しむことができます。基本的に子どもは成長しかしていないので、日々必ず何かしら変わっています。

子どもが生まれて間もない赤ちゃんの頃は日々の様子を記録するママもたくさんいますが、段々と年齢が上がっていくと記録には取らなくなります。子どもの写真を撮る回数も少なくなっていくようです。

しかし、これも放っておくとやらなくなることのひとつなので、あえてトレーニングとして記録を取ってみます。

記録には、子どもの身長や体重などの成長だけでなく、ひらがなが書けたとか、足し算ができたとか、反発してきたなど、子どもが新しくできたことを書いていきます。そして、ある程度できることが増えてきたら、たまにプチお祝いをします。

プチお祝いとは、子どもが好きなご飯を作ってあげたり、外食したりと、ちょっとしたことでいいのです。子どもの変化は成長の証です。それは親にとっては喜びであり、楽しみでもあります。そのような記録を残しておくと、1年経って振り返ったときに子どもが劇的に成長していることも確認できます。それは別の言葉で言えば、親の学びの成果でもあります。

## 親は自分の心を満たすことを考える

「どうすれば楽しくなるか」ということについて、いくつか書いてきました。もちろん、これらをすべて行う必要はありません。要するに「自分の見方を変えて、楽しむ方向に意識を向かわせればいい」というお話です。

しかし、そもそもそのような気持ちになれないということもありますよね。親は忙しく、気持ちのゆとりがなくなることが普通です。特に初めての子の場合は神経を余計に使うため、親の疲労は軽くありません。二人目、三人目の場合は一人目に比べて多少慣れてくるかもしれませんが、今度は子どもの数が増えた分、親の意識は分散されます。

また子どもは親の言うことを基本的に聞かないため、物事が思い通りに進んでいくことも少なくなります。そのような中、これまでお話ししてきたことをいくつも実践するのは容易ではないかもしれません。ですから、心にヒットした1つか2つだけをやってみる感じでされてみてください。

それでもまだ難しいと思われた場合は、これからお話しすることをやってみてください。

それは、自分の心を癒やすことです。

**癒やすことがなぜ大切かといいますと、人間は心に少し余裕ができるとプラスの側面から物事を見ることができるようになるからです。**いくらプラス方向から見た方がいいと言われても、自分の心にゆとりがなければ、難しいものです。

では、どうすれば、心にゆとりができるでしょうか。私は次の6つのうちのいくつかを、日頃から準備しておいてくださいとお伝えしています。

### 1 食べ物

これを食べるとテンションが上がるという食べ物を心に決めておきます。例えば「気分が下がってきたら、あのパンケーキを食べれば復活できる」というように。

ちなみに、私が主宰しているMama Caféの表参道（東京は表参道のみで実施）では、米粉パンケーキの有名店を貸し切って毎月実施しています。そこではMama Café特製の豪華パンケーキが参加者全員に振る舞われます。このパンケーキが出てくると、皆さんの顔が一様に変わっていきます。ということは心も変わっていくということです。

実は、美味しい物を食べるとイライラなどのネガティブな感情がなくなり、解決方向に向かうという原理があるのです。そしてMama Caféでは、パンケーキだけでなく、私が個別で相談の回答もしているので、それを聞くことで具体的な解決策がわかり、「早く家に帰って子どもに試してみたい！」となります。

親の気持ちが上がっている状態で家に帰るので、自然と子どもへの対応が変わり、言葉がけがポジティブになるわけです。これがMama Caféに皆さんがいらっしゃる理由なのです。

Mama Caféはひとつのケースとしてのお話です。パンケーキ原理は一人でもできます。ですから、自分の気持ちが上がる食べ物を予め決めておくといいでしょう。

## 2 本

読めばテンションが上がる、気持ちがリラックスする本を用意しておきます。数冊でよいと思います。漫画でもいいでしょう。要は自分の心が上がる、安定する本であれば何でもいいのです。

キリスト教の信者の方には聖書があります。聞いたところによると、何かイライラや悩みがあると聖書を読むようです。自分の心の安定を図る手段を持っているということなのでしょう。これと同様に、自分なりの〝バイブル〟本を持つといいと思います。本は人生に潤いを与えてくれるものでもあります。

また、最近は本ではなく音声という手段もあります。本を読みあげてくれるサービスもありますし、私も配信している音声アプリVoicyを聴くという手段もあります。色々な方が配信しているので、ご自分に合ったものを見つけられるかと思います。

ちなみに私のVoicyチャンネルは毎日配信していて、忙しいビジネスマンや、忙しいママさんに好評です。なぜなら、「ながら聴き」ができるからです。家事や通勤をしているときにワイヤレスイヤホンで聴いてくださる方がほとんどです。超忙しいママさんたちが毎日聴くことができるということは、本を読むよりも効率的かもしれません。

## 3 人

会うと元気が出てくる人、テンションを上げてくれる人、癒やしてくれる人を持つといいでしょう。このような人が身近にいると心強いものです。一人ではなかなか自分のテンションを上げるのが難しいけれど、友人、知人と話をすることで気持ちが上がったということはよくあります。

ただし、あくまでも自分が元気になれる人であって、気を遣わなければならない人や劣等感が出てくる人ではありません。メンターがいるといいでしょうね。励ましてくれる人、明るく元気で人のことを心配してくれる人、「大丈夫だよ」と安心させてくれる人がメンターです。肉親やパートナーでも構いません。年上、年下も関係ありません。そのようなメンターであれば誰でもいいでしょう。

また、この「人」というのは、直接会える人でなくてもいいと思います。今は動画を簡単に見ることができますから、画面越しに見られる人でもいいでしょう。自分の気持ちを上げてくれる人であればいいわけですから、「推し」でもいいですね。

## 4 場所

居るだけでテンションが上がり、元気が出る場所を決めておきます。人によっては神社であったり、コンサートであったり、ディズニーランドであったり、様々です。自分の気持ちが上がる場所を持っておきましょう。カフェでもいいと思います。お気に入りのカフェに行くと、場所と食、双方の影響で自分の気持ちがリセットされていきます。

ちなみに、先ほど紹介したMama Caféでは、場所の雰囲気も大切にしています。ですから基本的に全国どこでもオシャレなカフェで行うようにしています。会議室では通常行いません。なぜなら会議室では、テンションが上がるというよりも、真面目にしなくてはと緊張感が出てくるからです。

場の力は非常に大きいので、ぜひ自分のお気に入りの場所を見つけておいてください。

## 5 音楽

実はこの「音楽」と次の「香り」の2つは、自分で積極的に動かなくても受け身の状態で気持ちが変わる楽な方法です。

音楽は、これを聴くと、落ち着く、テンション上がるというMy Musicを持っておきましょう。音の力は非常に強いものです。自分が学生の頃に聴いた曲を今聴くと、当時の感情が思い出されませんか。感情だけでなく当時何を考え、何をしていたのか、どのような状況にあったのかなどが蘇ることもあります。音楽の力はそれだけ強力です。ですから、その力を利用してしまいましょう。

現代は、一昔前に比べ、音楽を聴くことが随分と楽になりました。You Tube などを利用すれば無料でＢＧＭを流すことができます。ちなみに、私は執筆するときにはいつもスマホで音楽をかけています。ＢＧＭがあると執筆が進むからです。何か周波数との関係があるのかもしれませんが、いずれにしても、気分が落ち込んだときやイライラしたときに備え、心を落ち着けるための曲、元気になるための曲を予め用意しておきましょう。

音楽は「食、本、人、場」のように自分から行動しなくても、かけておけば自然と耳に入り、気持ちを整えてくれます。

## 6 香り

最後は、香りです。この香りを嗅ぐと落ち着くというアロマやお香を用意しておくといいでしょう。これも受け身でいるだけで効果があります。ただ香らせておくだけですから。

実は、音楽と香りはあまり気づかれずに環境を変えていく方法であるため、子どもが落ち着かない、集中できないというときにも、さりげなく使うことができます。「どのような音楽をかけると子どもは変わるのか？」「どのような香りだと子どもは前向きになるのか？」など試してみるのも楽しみのひとつになります。

アロマやお香は様々な種類があるので、自分に合ったものが1、2種類あればいいと思います。ちなみに私は白檀のお香をよく焚いています。

以上6つを紹介しました。お気づきかもしれませんが、視覚、聴覚、嗅覚、味覚、触覚の五感を通じて自分の心を変えていく手段となっています。人間にはバイオリズムがあり、調子が上がるときもあれば、下がるときもあります。ですから、下がったときのためにこれらを用意しておきます。健康管理のように、日々のメンテナンスとして利用してもいいでしょう。

特に気持ちが下がったときは、これら6つのうち複数を同時に使ってみるのもいいと思います。例えば、5つ星ホテルのラウンジに行くと、ゆったりとした音楽が流れ、入り口ではアロマが香り、美味しいスイーツとドリンク、そして気持ちを落ち着かせてくれる椅子やソファがあります。また美しい花や絵画、コーヒーカップやお皿など、視覚的にも安心感を得ることができます。

必ずしも5つ星のラウンジに行く必要はありませんが、このようにして、五感から入ってくる情報をすべて書き換えてしまうと、心も変わっていきます。

## 自分のご機嫌を取るものを準備しておこう

自分のご機嫌を取る手段を準備しておくと、いつでも対応できます。そして、いつしか変わっていく自分に気づき、テンションが上がっていくことが感じられるでしょう。

その結果、心がプラス方向に向かうため、子どもの長所が見え、言葉がけも自然と変わり、日々が楽しくなることにつながっていきます。

第5原則で解決！

## お悩み相談室

Q

子どもが自ら進んで楽しく学習できるようにするため、親は何をしてあげたらいいですか？

A

学習というのが、勉強を指しているのであれば、子どもが自ら進んで学習することは通常見られない景色です。なぜなら、いつしか子どもたちは、勉強を「しなければならないこと」と思うようになってしまったからです。「しなければならないこと」を進んでやる子は多いとは言い難いでしょう。

しかし、学習をいわゆる学校の勉強ではなく、自分の興味があることを学ぶという意味で捉えれば、自ら学ぶ人はたくさんいます。

例えば鉄道が好きな子は、何も言わなくても鉄道に関する知識をどんどん吸収して〝学習〟していきます。犬が好きな子は、犬種の知識のみならず、育て方や特徴などもいつの間にか〝学習〟していきます。つまり、興味関心があるかないかが、学習するうえで決定的な要因のひとつになると考えていいでしょう。

本来、学校の勉強や宿題が、そのように興味関心がわくように工夫されていればいいのですが、現実は必ずしもそうではないため、子どもたちが自ら進んで学習することは難しいのです。そうなると、「しなければならない勉強」をやらせようと思う親御さんは、たまらず「声かけ」をします。

例えば、「勉強しなさい」「宿題しなさい」といった指示命令型の声かけや、「そろそろ勉強やった方がいいんじゃないの？」「もう時間よ」といった示唆型の声かけをすることがあります。

これらの声かけは、やってはいけないというものではありませんが、まず効果は期待できないと思った方がいいでしょう。

効果がないとわかると「声かけの種類が悪いのではないか。もっと別の声かけがあるのではないか？」と思う方もいます。しかし、**残念ながら、声かけによって子どもが前向きに勉強するようになるのは難しいでしょう。**もし、声かけによって子どもが進んで学習するのであれば、とっくにそのような言葉が世の中に流通しており、すでに効果が出ていて、進んで勉強する子だらけになっているはずです。

では、どうしたらいいでしょうか。私は、「声かけ」ではなく「仕組みを作る」ことをお勧めしています。つまり、進んで学習するための「仕組み」です。

仕組みが機能するためには、次の2つのいずれかが必要であると考えています。

① 習慣化
② 好奇心

ひとつずつ説明していきますね。

## 1 習慣化

習慣化については2つの代表的なアプローチがあります。

**ひとつ目は「すでに習慣化されていることに、新しい習慣をくっつけてしまう方法」**です。例えば、ご飯を食べる、お風呂に入る、歯を磨くといった日常のすでに習慣化された習慣に、新しい習慣をくっつけます。夜、歯を磨く前にプリントを1枚とか、朝起きたら朝食の前にプリントを1枚やってしまうなどです。

これは多くの家庭で取り入れられている方法で、比較的容易に習慣化されますが、子どもが小さいとき（未就学児）から行う方が効果が出やすい方法です。小さいときからこのスタイルが当たり前であれば、苦になりにくく、身につきやすいでしょう。

**もうひとつは「『見える化』させてしまう方法」**です。

やるべきことを見える化させることによって、子どもが自ら進んで行動するようになることは、私が提唱してきた「子ども手帳」を実践された方から多数報告があります。

「子ども手帳」とは、やるべきことを手帳に書き、終わったら赤で消し込みし、ポイント化するという単純な仕組みです。いつ、何をやるのかが明確になり、消されていない事柄に対して消したいという気持ちが出てきて、自ら行動するようになる仕掛けです。さらに、ゲームのようにポイントが入るよう数値化しているため、自分の成長が「見える化」されていきます。

このような方法で習慣化されると、やっている内容がさほど楽しくなくても継続率が上がります。例えば、習慣化されている歯磨きが楽しいと思う子はいないでしょう。しかし、毎日の習慣になっているため、継続できるのです。そして、勉強の場合、継続すると力がついてしまうため結果が出てきて、それがさらに「やる気」につながることもあります。

習慣化のコツは例外の日を作らないということです。つまり、勉強であれば、土曜も日曜も5分でもいいから「やった」という実績を残しておきます。人はインターバルをおくと、再開するのに大きなエネルギーが必要になり、なかなか再開できなくなる場合が少なくないからです。

## 2 好奇心

好奇心があれば、子どもは自主的に行動します。ということは、勉強そのものを通じて好奇心を引き出す仕組みを作ってしまえばいいわけです。そのためには、勉強内容を子どもの関心と「リンク」させるという方法を作ります。

リンクさせる方法はたくさんありますが、2つ紹介しますね。

**ひとつ目は「勉強内容をリンクさせる方法」**です。

例えば、算数の速さの文章題に太郎君と花子さんが登場したら、『名探偵コナン』にハマっている子であるならば、コナン君と蘭に置き換えてしまいます。鉄道好きの子であれば、東海道線と新幹線に置き換えてしまいます。ありえないような場面が作られるため、笑いとともに、子どもたちの興味関心が喚起されます。

私が子どもたちを指導していたときは、このようにして子どもが興味を持てそうな用語に置き換えて説明していました。すると子どもたちは途端に目を輝かせるため、身近なイメージで捉えることは大切であるとしみじみ感じたものです。

**もうひとつは「勉強の形式をリンクさせる方法」**です。

子どもはゲーム、クイズ、なぞなぞが好きで、前のめりになることが知られています。ということは、勉強も、ゲーム、クイズ、なぞなぞの一種と思えてしまえば、前のめりになる可能性が高いということです。

例えば、国語は親が読み聞かせをして、問題にさしかかったら、設問をクイズ風に読んであげます。さらにクイズでは制限時間があるので、20秒とか30秒で設定し、答えられなかったら「第1ヒント」を、それでも答えられなかったら「第2ヒント」を言ってあげます。クイズにはヒントがありますからね。

また、計算問題であれば、5分でどこまでできるかストップウォッチで計測して、正答率が何パーセントであったかを記録していきます。そして新記録更新！　というようにしていけばいいでしょう。

これまで、これらの方法を数多く実践してきて、効果がかなりありました。親が勉強に関わる場合、はじめの段階はサポートする形で進め、徐々に子どもが自分でできるようにしてあげるといいでしょう。いつまでも親が勉強に関わるというのは現実的ではありませんから。

以上、子どもが自ら進んで学習する仕掛けについて4つお伝えしました。いずれかひとつでもよいと思いますので、親が楽しんでできることから試してみられてはいかがでしょうか。

# 第6原則

## 今日という日の子どもには二度と会えない

# 入学式、卒業式は大切な日。では今日という日は？

子育てをしていると、子どもにご飯を食べさせ、保育園や幼稚園の送迎をし、あるいは学校に送り出し、帰宅後はご飯を出して宿題を見てお風呂、歯みがき、寝かしつけ……などと、日々同じことの積み重ねのように感じるかもしれません。そのような日々の中で、入学式や卒業式、運動会や発表会など大きなイベントがあると、親もいつもと違うモードになり、写真をたくさん撮ったり、心地よく過ごそうとしたりします。これはこれで全く問題ないどころか、家族にとってはとても重要なイベントなので大切にしていきたいものです。

しかし、よく考えてみると、日一日に違いはなく、大切な日とそうではない日があるのではなく、毎日等しく大切な一日があるだけです。子どもと生活する今日という日は二度とやって来ません。

例えば、今3歳の子は、来年は4歳です。4歳になってしまったら、もう3歳のこの子とは二度と会えないのです。もっと詳細に言えば、今日が3歳4カ月23日目だったとします。明日は3歳4カ月24日目となり、もう3歳4カ月23日目のこの子とは二度と会えないのです。

日々忙しいと時が経つのも早く、あっという間に子どもが大きくなっていきます。仮に3歳の子がいる親御さんに子どものことで悩みがあっても、来年4歳になった子に同じ悩みを持ち続けていることはほとんどなく、別の悩みに変わっています。子どもは体も心も日々驚くほど成長していくので、今の状態が続くことは絶対にないのです。

また、「小さい頃は可愛かった。あのときに戻りたい」という声を聞くこともあります。

**実は、「あのとき」とは今のことです。数年も経てば、今が「あのとき」になります。**

つまり、「日一日は平凡に過ぎていくものの、今日の段階のこの子とは二度と会えないのだから、ワクワクすることもイライラすることも等しく大切な日として今日を受けとめてみてはいかがでしょうか？」というお話です。

入学式、卒業式などのビッグイベントと、何の変哲もない今日という日は同様に価値がある大切な日なのです。

## 何が〝問題〟なのか？

とはいえ、日々の子育てでは「子どもが言うことを聞かない」「約束を守らずイライラする」という親御さんの悩みもよく聞きます。子どもが自分の思い通りにならずに親がイライラしてしまうのは、特に異常なことではなく、極めて一般的な反応です。

しかし、その後の子どもへの対応は家庭によって様々です。ある家庭では、強引に言うことを聞かせていくかもしれません。子どもに共感しつつ自発的に行動するよう促す家庭や、そのまま放置する家庭もあるかもしれません。どの対応が正しい、間違っていると判断することは容易ではありません。なぜなら、子どものタイプや親のタイプによって方法は様々に異なるため、一様に「この方法がいいですよ」と答えることはできないからです。

しかし、解決策がないわけではありません。

**問題は「子どもが言うことを聞いてくれないこと」だと思えるかもしれませんが、実は**そうではなく、「親が困ってしまい、イライラしてしまうこと」ではないでしょうか。つま

**り、子どもの問題ではなく、親のあり方の問題かもしれないのです。**

子どもにイライラする今の状態を変えたいのであれば、「子どもに言うことを聞かせる方法」を求めるのではなく、「親の考え方自体を変える」ことをお勧めします。第3原則を思い出してください。変わるのはいつも親の方からでしたね。

## 考え方を変えてプラスのサイクルを作る

「では、どうしたらいいのでしょう？　方法を教えてください」と思われるかもしれません。確かに方法がないことはありません。実際、保育園や幼稚園の先生たちは、とても上手に対応しています。しかし、親はプロの先生ではないため、そのような方法を聞いたところで同じようにできないかもしれません。すると、「言われた通りにやったのにうまくいかない。私はダメなんだわ」と罪悪感を持ったり、「この子はおかしい」と原因が子どもにあると勘違いしてしまったりすることもあります。繰り返しになりますが、そもそも子育ての方法には絶対的正解がないため、どの子にも当てはまる方法は存在しません。

ですから、より根本的で本質的なアプローチについて、お伝えします。それは、「親の考

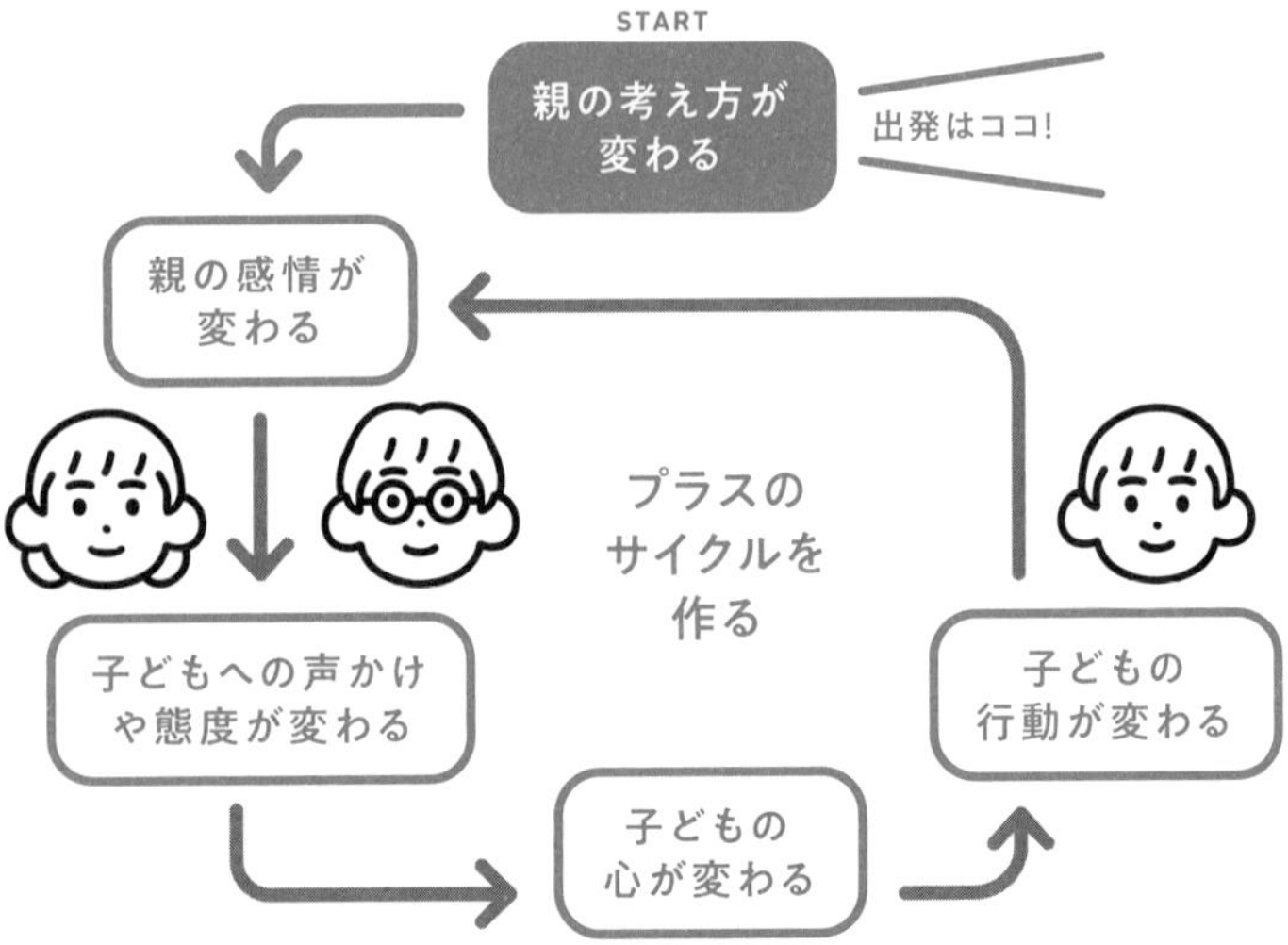


え方が変わる→親の感情が変わる→子どもへの声かけや態度が自然と変わる→子どもの心が変わる→子どもの行動が変わる→親の気持ちがさらに変わる」というプラスのサイクルを作ることです。

出発点は「親の〝考え方が〟変わる」です。「子どもへの声かけ」が出発点と思ってしまう方もいて、「どのような声かけをすれば子どもは変わりますか？」と質問されることも多いです。また、「どうすれば子どもが変わるのでしょうか？」と子どもが先に変わることを求める方もいます。しかし、「子どもが変わる→親が変わる」はありえなく、「親が変わる→子どもが変わる」なのです。

では、お話を進めましょう。次の質問にどうお答えになりますか？

「今、目の前にいる7歳の子どもとの関係は、今しか経験できません。来年は8歳になってしまうため、7歳のこの子の状態は今しか経験できないということです。子どもは心身ともに成長し続けているので、来年は今とは違った子どもになっているからです。この二度とやってこない7歳のこの子の『今』をどう思いますか？」

（ぜひ、お子さんの年齢を入れて考えてみてください）

二度と経験できない、現時点での子どもとの関係を大切にしようと思うようになれば、普段とは違った感情が出てきませんか？　今を大切にしようと思うことでしょう。すると、感情は落ち着いてきます。

**親の感情が落ち着いてくると、子どもへの声かけや態度が自然と変わってきます。すると、子どもが変わっていきます。**１００パーセント成果を保証するものではありませんが、子どもがこれまでと違った反応になってきたという報告を数多くもらっています。

## 親が変わらなければ、バトルはしばらく続きます

しかし、それでも安心できないと思う方もいるかもしれませんね。「そんなこと考えられない！　時間がなくて忙しいのに、そんな悠長なことやってられない！」と。

もし、そういうことであれば、今のままの状態を継続されるとよいと思います。私はそれでもよいと思っています。子育ての方法やあり方に正解がない以上、親はあり方を選択するだけですから、良い選択も悪い選択もありません。

ただ、日々の〝バトル〟はしばらく続くことを覚悟する必要があります。「しばらく」とは、**小学生、中学生、高校生ぐらいまでは続く可能性があります。**今未就学児のお子さんをお持ちであれば、その子が小学生になれば小学生の悩みが、中学生になれば中学生の悩みが、高校生になれば高校生の悩みがほぼ確実に登場してきます。悩みやイライラは形を変えて継続していくものです。ですから、尽きないのです。

今の状態をそのまま我慢して受け入れながら日々を過ごすか、考え方を変えて新しい見方で日々を過ごすか、あとは選択の問題となります。選択によって、それぞれの辿るルートも変わり、見える景色も変わっていきます。

いかがでしたか。親の言うことを聞かないという状態も含め、今の子どもとの日々を大切にしていきたいという感情が出てきたのではないでしょうか。

私には子どもが2人います。もう2人とも大きくなりましたが、幼稚園、小学校時代の子どものことを思い返すと、あの頃のことを懐かしく思い出すと同時に、「もう二度と経験できないんだよなぁ」と思うことがあります。しかし、これは今も同じことで、10年経ったら、今現在のことを振り返って「10年前のあのときの子どもとの対話はもうできないんだよなぁ」と思うことでしょう。ですから、日一日が大切なのです。

子どもとバトルをしたことも、子どもの癇癪も、子どもが親の思い描く通りにならない日々も、子どもの試験の点数が悪かったことも、すべては大切な思い出になっていきます。そして、その日は二度と経験できません。

このように思うことで、「親の考え方が変わる→親の感情が変わる→子どもへの声かけや態度が自然と変わる→子どもの心が変わる→子どもの行動が変わる」が始まります。

## 子どもと一緒にいられる期間はせいぜい20年ほど

子どもが生まれてから、いったいどれくらいの期間、一緒に過ごすことになるでしょうか。今は成人年齢が18歳になりましたが、実際親元を離れるのはもっと後になる子もいるでしょうから、子どもが親の意思から離れ、自由に自分で行動するようになる、精神的に自立する年齢を仮に20歳と設定してみましょう。

すると事実上子どもと一緒にいられるのは20年と考えると、お子さんと一緒にいられる期間はあと何年ありますか？　子どもが10歳ならあと10年。15歳ならあと5年です。コロナ禍の3年超があっという間に終わったことを考えると、5年などすぐです。

このように考えると、子どもといられる時間はあまり長くないということになります。しかし焦りは禁物です。「あまり時間がないのであれば、子どもに色々とやらせなきゃ」と焦る可能性もありますが、そのような意味で時間がないというのではなく、子どもと過ごせる期間はそれほど長くないので、子どもを信頼して、充実した日々を過ごしていきませんかという提案なのです。

## 親は愛情と信頼を混同しがち

でも、子どもを信頼することは簡単なようで難しいかもしれませんね。「子どもを信頼していたのに裏切られた」という相談もしばしば受けます。例えば、一緒に決めたルールを破ってこっそりゲームをしていたとか、これからは勉強を頑張ると言ったのにやっていないとか、帰宅時間を決めていたのに全然帰ってこないとか。

しかし、実は、**子どもを信頼している親は「信じていたのに裏切られた」と言って子どもを叱ったり、怒ったりはしない**ものです。このような言葉が出てくるときは、本当は「子どもを信頼していない」可能性が高いと思われます。

子どもを信頼している親は、このような状況に直面したとき、「どうしたらこの子が楽しめ、親も納得のいくルールができるだろうか？」と考え、あり方を改良改善していきます。決して、信じていたのに裏切られたとは思いません。

なぜ、このような違いが起こってしまうのでしょうか。これまで私が接してきた1万人以上の親御さんたちから推測するには、「愛情と信頼を混同してしまっている」ことが考えられます。

基本的に親であれば、我が子に対して愛情はあると思います。しかし、愛情があることが、子どもを信頼していることになるとは限りません。そして「愛情を注げば子どもは親の思う通りになるはず」と勘違いすることがあります。

もちろん、愛情はとても大切です。親子関係すべてのベースと言っても過言ではありません。しかし、**子どもは愛情よりも、信頼されているかどうかをリアルタイムで感じる傾向にあるようです。**一概に断定はできませんが、子どもが無意識に受け取っている親の愛情を実感するのは、子どもが大人になってから、親になってからではないでしょうか。

例えば、親から監視され、いつもあれこれ言われていたとしたら、親から信頼されているとは感じないと思います。あれこれ言うことが親の愛情から出てきたものであったとしても、子どもはそう感じることなく、「信頼されていない」とだけ感じるのではないでしょうか。

これまでの私の経験では、親があらゆる手段を尽くしても子どもに変化がない場合、その原因は親子の信頼関係が崩壊しているか、親が疑心暗鬼になっていることがほとんどです。

ではなぜ、子どもを信頼できないのでしょうか。

## 子どもを信頼できない3つの理由

子どもをなかなか信じられない親の心理状態を考察すると、「不安、焦り、見栄」が錯綜しているようです。

### （1）不安

不安が出てくるのは、今の状態が今後も続くと思ってしまうからだと考えられます。しかし実際は続くことはありません。というより同じ状態が続いたという話を聞いたことがありません。なぜなら子どもは毎日成長し続けており、1年も経てば全く別の人間ではないかと思えるぐらい変わることもあるからです。

親がよくやってしまうことに「〝タイムマシン〟に乗って悲惨な子どもの未来を見に行くこと」があります。すると「今をなんとかしないと！」と考えます。そのような心理状況で行うことは、大抵失敗に終わります。心が不安に満ちていると、子どものマイナス面をますます見つけ、それをなんとかしようとし、長所伸展よりも短所是正を先に行ってしまうからです。

## (2) 焦り

焦りは他者との比較から生まれます。比較をしないで子育てしていくことは容易ではありません。しかし、本書冒頭の植物の話を思い出してください。人間にはそれぞれ、生まれ持って与えられた才能や能力がＤＮＡに書き込まれているのでしたね。持って生まれたものは人によって異なります。このような多様な状況の中で、他者と自分を比較することは不毛であり、全く意味がありません。

にもかかわらず、「平均」「常識」にとらわれ、世の中のスタンダードに合わせようとしてしまいます。第1原則でお伝えしたように、平均には上もいれば下もいるものです。平均値が正しいという意味ではありませんし、常識も思い込みという場合がよくありますし、そもそも住んでいる地域や通っている学校が変わったら常識も変わるということもあります。焦っていると冷静に考えるのが難しくなってしまいますが、一度落ち着いて「本当にそうなのか?」と立ち止まってみることをお勧めします。

## (3) 見栄

よくあるケースは中学受験です。学力熱が高いエリアに住んでいると、中学受験をすることが当たり前だという空気が流れ、自分の子も受験しなければならないという気持ちになることがあります。これはある種の見栄です。中学受験に向いている子は問題ありませんが、そうではない場合、親の思い通りに進まず、イライラが募り、子どもに指示・命令・脅迫・説得を繰り返すようになります。もはや「この子は言わないとやらない子」と断定し、信頼は全くありません。すると子どもも信頼されていないことがわかるので、親を信頼しないようになります。

以上のような、不安、焦り、見栄は、子どもへの愛情があるからこそ出てくるものだと思われます。もし他人の子どもであれば、我が子ほど不安になったり、焦ったりすることはないでしょう。

しかし、残念ながら愛情はあっても信頼がないため、子どもに対しては逆効果になってしまう場合もあります。

## 子どもを信頼している親の3つの特徴

では、子どもを信頼している親の特徴とはどのようなものでしょうか。次の3つは私がこれまで出会ってきた親御さんに共通して見られた特徴です。

### （1）子どもの価値観を理解している

親と子どもとでは価値観が違うことを知っています。価値観とは、大切にする優先順位、判断基準と考えていいでしょう。

代表的な価値観の相違は、親が損得価値観、子どもが好き嫌い価値観のケースです。この場合、親は「学校から帰ってきたらまず宿題」と言います。なぜなら、そうすると後が楽になり得だからです。しかし、子どもは「今はやりたくない（疲れているときにやりたくない)」と言います。学校から帰ってすぐに勉強するなどありえないと考えます。

子どもの価値観を理解している場合、子どもが「今はやりたくない」と言ったら、「今はやりたくないんだね」と共感します。すると、**子どもは自分の気持ちを理解してもらったため、その後、自分がやるべきことを自主的にやる確率が上がる**のです。これが信じられないということで、親の価値観を優先してしまうと、状況はいつまでも変わりません。

## (2) 長期的視点を持っている

子どもを信頼している親は、**「なんとかなる、この子は大丈夫」**と思う傾向にあります。根拠があるわけではありません。「根拠なき信頼」、これが子どもに届くのです。無意識に発する言葉や態度となって伝わっていきます。

事実、子育ては長期にわたるものです。陸上競技で言えば、長距離走です。はじめからダッシュしていたら持ちません。徐々に伸びていけばいいのです。子どもは親と違って変化が激しく、日に日に成長します。

女子は小5ぐらいで、男子は中2の夏を境に変わります。時間感覚もこのくらいで変わると先述しましたが、他にも発言や態度が変わっていきます。世間で言われる「反抗期」

「思春期」というものです。個人差があるので誤差は多少ありますが、身体やホルモンバランスが変化するため、この時期に変わることが少なくありません。

また周囲の環境も変わってきます。子どもが小さい頃は親の影響は少なくありませんが、成長し、家族以外の外部環境に接する時間が長くなればなるほど、その影響は強くなります。ですから、親がどうこうするよりも周囲からの影響を受けていくため、それなりに成長していくものなのです。

## (3) 一人の人間として尊重する

小さい頃から自分が育てていると、つい子どもは自分より下の立場の人間と思いがちです。確かに、経験量は親より少なく、知識も少ないです。わからないこと、できないことが多いので、それは教えてあげます。体験したことがなければ体験させることも必要です。

しかし、大切なことは、子どもは人格を持った、立派な一人の人間であるということです。人として認めていく姿勢があれば、命令・脅迫のようなことは間違っても言葉として出てきません。

実はこの対応を、他人の子どもにはできていたりします。自分の子どもへの対応と他人の子どもへの対応が、我ながらずいぶん異なると感じたことがあるかもしれませんね。他人の子どもには尊重の念を持っているからできることでしょう。しかし、自分の子どもには尊重の念よりも、「自分の思い通りにさせないと」という気持ちが優先してしまうという謎の現象が起こります。

ですから、**「我が子には他人の子どものように接する」くらいでちょうどよい加減になる**と思います。

## 子どもに残す財産

以上3つの特徴についてお伝えしてきました。これらを厳密に実践するというよりは、大きな傾向として捉えてください。少し意識するだけでも、子どもへの信頼度が変わっていくと思います。すると鏡を見るかのように、子どもが変わっていきます。

中でも私は、子どもに対しては何歳であろうと、「(3)一人の人間として尊重する」が最も大切なことだと思っています。ここから子どもを信頼する状態が生まれます。

元々持っている親の「愛情」と、一人の人格を持った人間として尊重することから生まれる「信頼」に基づいて子どもとの20年を送ることができたら、子どもには貴重な「愛情と信頼」を〝財産〟として残したことになるのだろうと思います。

# 子どもは親を喜ばせたいと思っている

「子どもは親を喜ばせたいと思っている」というフレーズを聞くと、「え？」と思うかもしれませんね。喜ばせるどころかイライラさせると言う人もいるかもしれません。しかし、本当に子どもは親を喜ばせたいと思っているのです。親のイライラやしかめっ面を見たいとは全く思っていません。

では、なぜそう思っているとは思えないのでしょうか。それは、子どもが親の期待値を超えられないからです。

子どもが小学校に行くようになると、勉強が本格的に始まります。すると点数や成績による評価が始まります。親としてはやはり気になります。もちろん気にすることは悪いことではありません。問題は、子どもへの「期待値の高さ」です。

子どもに学校のテストで最低でも80点は取ってほしい、などと思っていませんか？　テストで間違えたところは見直し、やり直しをしてほしいと思っていませんか？　そして、期待した通りにならないと、怒ったり嘆いたりしていないでしょうか。

勉強に限らず、「子どもが親の思い通りにならない」が根底にある相談は今でも後を絶ちません。

そもそも、子どもが親の思い通りになるという発想自体がボタンの掛け違いの原因なのですが、そのような気持ちになってしまう親の心もわからなくもありません。

我が子を伸ばしたい、世間に出たときに一人前になるように育てたいという気持ちは親心としては当然かもしれませんが、あることが原因でトラブルに発展することがあります。

それは、行きすぎた「期待」です。

ここでもポイントは「子どもを変えるのではなく、親が変わる」ということになるのですが、「どのように変わる必要があるのか？」が焦点になります。それは次の一言で表せます。

## 子どもへの期待値を究極まで下げる。

これを行うと子どもは自主的に行動するようになると思います。

元々、子どもは親を喜ばせることが好きなので、親の期待を超えて喜ばせようとするものです。しかし、一方の親は「子どもが期待に応えてくれているとは思えない」と感じることが少なくありません。そのため親は「指示・命令・脅迫・説得」という手段を使って子どもをコントロールすることがあるのです。

これらの手段は、子どもにとっては苦痛以外の何物でもないため、親の言葉をスルーする技術を会得したり、反抗、反発、悪態、癇癪という手段に出ることで親に対抗することもあります。すると、親はそれを封じ込めようとしてますます強く厳しい言い方をしたり、怒鳴ったりすることになります。場合によっては体罰や虐待に至るケースもあります。

これは明らかに悪循環で、負のスパイラルが高速化している状態です。その行き着く先は「相互不信」です。つまり、親は子どもを信頼できないし、子どもも親を信頼できないという状態です。

なぜこのようなことになってしまったのでしょうか？　問題の出発点は何だったので

しょうか？

それは「親の期待値が高すぎた」ことだと私は考えています。

もう一度、大切なので言いますが、「子どもは親を喜ばせたい」と思っています。しかし、親の期待が高いと、子どもはその期待にいつまでも応えられません。

例えば、テストでいつも60点を取っている子がいたとします。親の期待値は80点とします。その親は、子どもが頑張って70点を取ってきたとき、満足しません。80点に届いていないからです。おそらく次のようなことを子どもに言うと思います。

「よく頑張ったね。でももっと頑張れば80点は取れるんじゃないの」

子どもは喜んでもらおうと思ったのに、親は不満状態。その後、もっと頑張って80点取ろうとする健気な子もいますが、大抵はやる気を失っていきます。

「○○までよく頑張ったね。でももっと頑張れば△△まで行けるよ」という構文は一見、子どもを励ましているかのように思えますが、子どもは励ましとは受け取っていません。

「△△になるまで認めないからね」という条件付きメッセージと受け取ってしまいます。そして、親を喜ばせることができなかったとがっかりしてしまいます。

ですから、親は「子どもへの期待をしない」のがよいのですが、「期待をしない」という言葉は誤解を招きやすいため、**「期待値を究極まで下げる」**という言葉を私は使っています。

では、「期待値を究極まで下げる」状態とは、どのようなことをいうのでしょうか。

それを私は次のような状態と考えています。

**子どもが元気で生きているだけで有り難く、「感謝と満足」の気持ちを持って子どもに接する状態。**

つまり、今生きているだけでラッキーという状態です。例えば、不測の事態が起こり、子どもとしばらく離れ離れになったとします。その後ようやく会えたときは、「生きていてよかった!!」と言って涙を流しながら抱き合うと思います。そのときに、「宿題はやったの?」とか「もっと勉強頑張らないとね!」とは決して言わないはずです。これが、期待値を究極まで下げた状態です。子どものことを諦めたとか、どうなっても構わないというネガティブな状態ではありません。

親の子どもへの期待値が下がると、子どもは親の期待を超えるよう次々と行動を起こします。先ほどの例で言えば、いつも60点を取っている子にそもそも期待をしていないと、70点を取ってきたときに「え！　すごいじゃない！　70点も取れたの！」と言うと思います（この後に「もっと頑張れば80点だね」とは言いません）。

このように言われた子はどうでしょうか。親を喜ばせることができて嬉しい、もっと喜ばせたいと思うはずです。

### これが「子どもが自ら動く仕組み」です。

孫ができると、祖父母は孫に健康で元気でいてくれるだけで嬉しいと思うようになります。すると期待値が下がっているので、ちょっとした孫の言動にも、祖父母は驚き、喜びます。孫はそれが嬉しくて、さらに祖父母を喜ばせようとしていきます。

しかし親だと、子どもに「あれもやらせないと、これもやらせないと」と思うことで指示や命令、時には脅迫構文も出てくるわけです。それらが頻繁に出ていると、子どもはいつまでも親の期待に応えることはできません。

以上、親の期待値がもたらす子どもへの影響についてお話ししてきました。期待値を「子どもが元気で生きているだけで有り難い」状態まで下げ、それ以外の出来事は、すべてラッキーであると捉えると、結果として子どもが自ら動くという一見矛盾した現象が起こります。子どもは親を喜ばすことができるので、もっと喜ばせたいと思うようになっていきます。

なかなか信じられないかもしれませんが、一度実行してみてください。子どもの変化に驚くと思います。

## 第6原則で解決!
# お悩み相談室

Q1

スマホのルールを子どもと一緒に決めたのに、隠れて時間外に使っているのを見て裏切られた気持ちになり、子どもを信じられなくなりました。今後どうすればいいでしょうか。

A1

そんなものです。子どもが親の知らないところでルールを破るなど、枚挙に暇がありません。「親のパスワードはだいたいこれ!」と言って簡単に解除していたり、動画で解除する方法を調べたり、様々です。この世界はまさにイタチごっこです。

親になると親の役割を演じていくので、かつて自分が子どもだった頃を忘れがちですが、自分も過去に親に隠れて何かしたことは1つや2つではないことでしょう。ということで、一回決めたルールを子どもがしっかり守る方が珍しいのです。

そうは言うものの、ルールを決めたのに、守られていない状態で過ごすことも、親の精神衛生上よろしくありません。そこでルールが守られないということは、**子どもに問題があるのではなく、「ルール決めに問題がある」**と考えるのです。そう考えれば、子どもに裏切られたという発想は出てきません。ルール決めにはしっかりとした手順とフォームがあります（詳細は拙著『子どものスマホ問題はルール決めで解決します』〈主婦の友社〉をご参照ください）。

一回決めたら完成ではなく、ルールがうまく機能しないとしたらそのルールにバグがあるので、それを〝子どもと一緒に〟考え、新たなルールに修正していくのです。

親が一方的に決めたり、子どもに強制的に納得させたりしたルールは、ほぼ間違いなく破られていきます。ですから、子どもと一緒に決め、親も子どもも双方納得のいくルールにします。ルールというのはこのようにして決めていきます。

そうすれば、子どものことを信じるとか信じないとかいう問題は消えてきます。

Q2

5歳と2歳の兄弟がいて、兄が弟にきつく当たります。兄にもっとやさしくなってほしいと思っていますが、方法はありますか？

A2

兄弟だけでなく、兄妹、姉妹、姉弟と様々な組み合わせでトラブルはよく起こっています。下の子が生まれたら上の子が辛く当たるということはよくあります。その理由は大方特定できています。これまで自分だけが親を独占できたのに、下の子ができたことで、親の愛情が下の子にばかり向かうようになったと上の子が感じるためです。やがて成長するにつれて、その感情は徐々に薄くなっていくのですが、小さい頃はまだ難しいでしょう。

一方の親も、これまで上の子を小さくて可愛いと思っていたのが、下の子が生まれると急に下の子の方が可愛く見え、上の子への感情が変わっていきます。本来5歳はまだ小さくて幼いものですが、その横に2歳の子がいるとその子の方が小さく幼いため、相対的に5歳の子に抱いていた感覚が異なってくるのです。それを上の子は敏感に感じ取ります。すると、親に対して反発するのではなく、下の子を攻撃し、自分の存在感をアピールしていくことになります。

つまり、愛情不足を感じているということです。親は上の子と下の子に公平に接しているつもりでも、無意識のうちに下の子を守ったり、下の子に時間をかけていきます。例えば、「お兄ちゃんなんだから……」という言葉などは、まさに下の子へのひいきとして上の子には映ります。

でも、それはそれで無理もありません。ですから、上の子と二人だけの時間を作ってみてください。短い時間で結構です。その時間は下の子がいないので、5歳の子を素直に小さくて可愛い子として感じることができます。上の子も親を独占して話ができるので、気持ちが上がっていきます。

今目の前の5歳の子と会えるのは今年が最初で最後です。もう二度と会うことはできません。来年は6歳になってしまうからです。10年経つと中学3年生になっています。そのときに10年前を振り返って、「あの5歳のときは可愛かったね～。懐かしい。あのときに戻って5歳の我が子と話をしたい」と思うでしょう。まさにその「あのとき」が、「今」です。

子どもは日々、一所懸命生きています。特に外（保育園や幼稚園、学校）では頑張っています。弟をいじめるなどの行為は良くはありませんが、それを止めて子どもを怒るだけでは何も解決しません。目の前にいる5歳の子と共有できる時間を大切にして、「しっかり見ているよ。大丈夫、愛しているから」という気持ちを「笑顔」で伝えてあげましょう。すると弟に辛く当たる回数は減っていきます。

## Q3

中1の子どもが、学校に提出物を出さず、時間にルーズで遅刻も多いです。それを指摘するとキレて親のせいにしてきます。このような子にどう対応すればいいでしょうか？

## A3

「中学生で提出物を1回出さないと、成績（評定）はひとつ落ちます。また遅刻が多い子はテスト前の勉強が十分できません。なぜなら勉強と休憩という時間のメリハリを作れる子の方が、日頃から時間意識が高いからです」。これはよく言われていることで、私も学習塾で子どもを指導していたとき、保護者面談でそのように伝えることが度々ありました。

しかし、これを親がそのまま子どもに伝え、正そうとすると、特に思春期の子は猛烈な反発をしてきます。親は、正論を言っているのになぜキレられなければならないのかと思うかもしれませんね。

実は、そのような正論を子どもは既に知っていて、「提出物を出す気力がない」「時間通り動くことができない」状態に**困っている**わけです。

大人たちは、「自分のことなんだから、そんなの気合根性努力が足りないだけ」と思うかもしれませんが、果たして気合根性努力で解決できるものでしょうか。

このような状態のときに子どもが必要としているのは、「共感してくれる人」「同じ目線で一緒に考えてくれる人」なのです。それができる人は、子どもに愛情を持っている人。つまり親だけです。

今、中1であれば、親が子どもにあれこれできるのもあと5年です。たった5年しか残されていません。その残り時間はエネルギーを、子どもの行動を変えさせることではなく、子どもの心に寄り添うところに注いでみてください。つまり、必要なことは、提出物や時間への指摘ではなく、**内面的な共感**なのです。すると子どもはすぐに反応してきます。

# 第7原則

## 親は自分の人生も大切にする

## 「私は子どものために頑張っているのに！」と思ったら

**最後の原則は【親は自分の人生も大切にする】です。**

子育てが始まると、親の生活スタイルは子どもが生まれる前と大きく変わります。自分の時間もかなり減ることでしょう。すると、子どもに対する「ある感情」が湧き起こることがあります。

それは「私は子どものために一生懸命頑張っているのに、子どもはなぜ私の言う通りにやってくれないの！」という感情です。

そのように感じるのも無理はありません。親は日々忙しく、子どもの世話は24時間体制のときもあり、食事の準備から掃除洗濯、さらに仕事があればもっと忙しくなります。それも1年間だけではなく、何年も続きます。思い通りにいかないことがあれば、そのような感情も出るでしょう。

私が親御さんから直接聞いたお話の中には、次のようなこともありました。

「子どもが小学校低学年の頃は習い事のたびに送り迎えをし、宿題や課題もしっかりやらせてきました。高学年になると塾に入れる教育費を捻出するために働いたり、家計を切り詰めたりして、日々必死で子どものために頑張りました。中学生になれば毎日お弁当を作り、時に子どもを励まし、時に叱り、成績に一喜一憂しながら、ずっと親は頑張り続けてきたのに、『あなたはなぜそれをわかってくれないの！』と思ってしまいます」

このような状況であれば、自分を犠牲にして子どものために尽くしているという感情が出てくることは当然かもしれません。しかし、そうした気持ちを持ち続けていても心身共に消耗していくだけですし、親子関係の悪化につながるかもしれません。ですからこの感情があるときは、一旦、「子育てのあり方」について考えてみる必要があります。

「私は頑張っているのに、なぜ子どもは……」という感情の背景には、今まで自分がやったことに対して、リターンがあるはずという「期待」があると思います。つまり、「子育てを費用対効果として考えている」可能性があるということです。それを私は「条件付き子育て」と呼んでいます。

## 条件付きの子育て

親の期待通りに子どもが進めばイライラは起きませんが、期待はずれだとイライラが絶えません。つまり、子どもが親の期待というハードル（条件）を超えたか、超えないかに焦点が当たっており、「条件を満たしたら子どもを愛す」「条件を満たさなければ愛さない」のいずれかになる可能性があります。

親の期待との比較で子どもの状態を見るのが、条件付き子育てです。

## 条件付きではない子育て

これまで子どもに行ってきた数々の行為に対して、子どもからのリターンをそもそも望んでいないため、イライラという現象は少なく、それよりも目の前の子どもが健やかに育ってくれていることに「感謝」しています。もちろん、日々の生活の中で多少のイライラもあるかもしれませんが、一過性のものであり、全体としては安定感を保っています。

つまり、子育ては親の一方的な愛情を伴った行為であって、それに対しての見返りは求

**めていません。**

以上、いずれの場合でも個人の価値観の問題なので、良い・悪いという判断はできません。ただ、いずれかを選択したら、その結果を受け取るというだけです。

## 何のために子育てをしていますか？

このようなお話をすると、「愛情を与えることと、習い事や塾などは別の問題でしょう」「習い事や塾などは上達することを目的に習わせているのだから、リターンはあってしかるべき」と思う人がいるかもしれません。

そこで次のことを考えたいと思います。それは「何のために子どもを育てているのでしょうか？」という問いです。「子どもの幸せのため」と回答する人が多いのではないかと思います。では、「子どもの幸せとは何でしょうか？」。

塾に行って成績を上げることや、習い事で上達することもそのひとつかもしれませんが、それは部分的であって本質的ではありません。

子どもの幸せとは、人によって様々に見解が異なると思いますが、少なくとも、**「その子がその子らしく生きていくことができる状態にあること」**ではないかと私は考えます。塾でも習い事でも子どもが自分で作った目標に向けて頑張っているのであれば、その子らしく生きている状態だと考えられます。しかし、親が作った目標や、ここまで伸びてほしいという親の期待のために子どもが頑張らざるを得ないとしたら、その子らしく生きている状態とは言い難いのではないでしょうか。

そう考えると、親が期待に応えてほしいと思う状態は、子どもの幸せにつながるものではなく、単に親が心配をなくしたい、焦りを鎮めたい、自分が安心したいだけなのかもしれません。

もし今、犠牲を払って子育てをしているという観念があれば、「そもそも子育てってなんだったかな？」と思い返してみると、原点に戻ることができます。

## 模範となる親を目指さない。ありのままの親がいい

さて、前の節は少々厳しい内容だとお感じになったかもしれませんね。自己犠牲という一面は確かにあるのに、それを自己犠牲と思わないようにと言っているのですから。さらに、「子どもがその子らしく生きていくことができるように子育てすることが大切」と追い打ちをかけるような表現もしています。

実はここから大切なお話をしていきます。

ここまでの内容を読むと、「立派な親を目指していかなければならない」というある種の強迫観念が出てくるかもしれません。しかし、全くそうではないのです。親は立派でなくていいのです。というより、立派でない方がよかったりします。

その理由は2つあります。

## 理由1 無理をすると、親は本当の自分とは異なる自分を演じることになり、ストレスがかかるから

親といえども人間です。できることもあれば、できないこともあります。勉強ができる親が、勉強ができる子を育てることができるわけではありません。子どもの一挙手一投足を見ることができる親が、模範的な親ではありません。いちいち細かく見られてはたまったものではないと思う子も多いですから。

本来の自分らしさを抑えて無理をするとストレスが溜まり、それが何かのきっかけで爆発することもあります。小学校受験、中学校受験ではこれがよく起こります。これらの受験は親主導であることが多く、親が管理していかないとなかなか進みません。親は親でなくなり、先生になったり、監視者になったりすることがあります。すると子どもはこれまでの親でなくなったと驚きます。そのような親を子どもは望んでいませんが、親は「何とかやらせないと！」と受験生を持つ親のイメージを勝手に作り、それを演じてしまうのです。

## 理由2 親にできないことや欠点がある方が、子どもは安心するから

親が立派だと、子どもは大変です。親をいつまでも乗り越えられないからです。このあ

たりのことをわかっている親は、あえて自分ができることを表に出さずに、子どもを見守っていきます。そして、親のできないことや失敗談などを晒していくこともします。親の成功談よりも失敗談を聞く方が子どもは安心し、自分はそれを超えることができると思ったりするものです。するとその後、子どもが自主的に動き出すようになり、親は子どもを褒めたり、承認したりする機会が増えてきます。それが結果として子どもの自己肯定感を満たすことにもなり、子どもはすくすく育っていきます。

以上、いかがでしたでしょうか。少し気を楽にしてもらえたでしょうか。とはいえ、気を楽にしてもらおうと思ってお話をしたのではなく、本当にこの通りなのです。少々抜けていて、少々おっちょこちょいな親の方が、子どもは「うちの親ヤバい。自分がしっかりしないと」と思えます。これは半分冗談ですが、一理あるのです。

大切なことは、**「親は無理して、デキる自分を作り上げない」**ということです。今のままで大丈夫です。親として「食事、家庭内の安定した雰囲気、愛情」の3つがある程度あれば、それで子どもは自分らしく〝勝手に〟育っていきます。

## 親自身の自己肯定感を満たそう

さて、ここでは「親の自己肯定感」についてお話ししていきます。Mama Caféでよく受ける相談のひとつに「自分の自己肯定感が低い」というものがあります。子どもの自己肯定感ばかり気にしていたけれども、実は自分の自己肯定感が低かったというものです。

そもそもなぜ、親の自己肯定感がそれほどまでに下がってしまうのでしょうか。私がママさんに調査した結果、次の5つの特徴が浮き彫りとなりました。

（1）子どもの頃から認められることが少なかった（何でも無難にこなしていく子で、できて当たり前と思われてきたことも含む）。
（2）日々ネガティブ情報に多く触れ、また発信することもある。
（3）日々ルーチンワーク（定型活動）の繰り返しで、満たされる機会が少ない。

（4）「普通でなければならない（長所を抑え、短所を是正）」を基本として生きてきた。

（5）「人と比較する、比較される」人生を送ってきた。

この5つの項目の中で、最も人数が多いのが（5）の「比較」でした。人と比較することで、できない自分を作り出し、いつしか自己肯定感を下げていたようです。

では、下がってしまった自己肯定感をどうすれば引き上げることができるでしょうか。

大人の自己肯定感を引き上げるアプローチは様々ありますが、これまでMama Caféでお伝えし、実践して効果があった4つの代表的なアプローチについて説明していきます。

なお、ここで紹介している方法をすべて実践する必要はありません。ご自身に合うと思われることを、1つか2つ試されてみてください。

## 方法1　自己効力感を上げて、自己肯定感を上げる

自己効力感と自己肯定感は異なります。簡単に言えば、自己効力感は「達成できるという感覚」であり、自己肯定感は「現状を肯定することができる感覚」となります。そのため、本来はこの2つを分けて考える必要があるのですが、あえてこの2つをつなげて自己

肯定感を上げていく方法を取ります。

今日やることを書き出して、終わったらペンで消し込みを行ってみてください。やることを、次々と終わらせていく自分の姿を見ることで達成感を覚えて自信がつき、自身を肯定することができる仕掛けです。

ただこのときに注意点があります。自己肯定感が上がるどころか、逆に下がるかもしれません。今日やることを書き出しても、できないことばかりだとしたらどうでしょうか。

そこで、スモールステップを作っていきます。料理であれば、作業を分解して書いておきます。「メニューを考える→買い出し→作る→食器洗い→テーブル拭き」という具合です。こんなこと書かなくてもできると思うのではなく、できているスモールステップを書き出し、それが達成できていることを「見える化」します。

また、スモールステップにせずとも、簡単にできる作業を書き出すことでも構いません。例えば、炊事、掃除、洗濯、買い物、送り迎えなどです。通常これらは手帳に書かれるものではなく、定型でやっていることです。しかし、それらを書き出し、終わったら消していく作業をすることで、達成感を自覚できます。

頭では「こんなこと誰でもやっているし、あえて書くことでもない」と思うかもしれませんが、試しに実行してみてください。どれだけ自分が日々多くのことをやっているか明らかになります。そして、それらをこなしている自分が見えてきます。その自覚が、自己肯定感の向上につながっていきます。

## 方法2 行動を変えて自己肯定感を上げる

### 2-1 外見を変える

行動面では外見を変えるという極めてシンプルな方法があります。ヘアサロンへ行き髪形を変えると気分が変わることを実感されたことがあるかもしれませんが、まさにこの典型的な方法です。

他にも服装や鞄など持ち物を変えていくことも挙げられます。忙しくてネットショッピングばかりという声も聞きますが、お店に足を運び色々試着してみるのも行動のひとつです。

お化粧を変えることで気分が変わり、自己肯定感が上がることにつながったという声も聞かれました。

### 2-2 行動そのものを変える

これは、動きを伴う「活動」をするということです。最も簡単なのが断捨離です。つまり整理整頓をしていらないものを捨てていくという作業です。家じゅう行おうとすると中途半端でできない部分が出てくる可能性もあるため、台所だけ、クローゼットだけと確実に終わらせられる場所に絞ることがコツです。

また、筋トレやヨガ、スポーツなど体を動かすことで自己肯定感が上がっていく経験をしている方もいます。

## 方法3 日常使用する言葉の種類を変えて自己肯定感を上げる

言葉の力で自己肯定感を上げることができます。次のような言葉を使ってみてください。

「こんなことできる自分はすごい・さすが」「私は大丈夫」「ありがとう！」「助かった！」「嬉しい！」「（ネガティブになったら）私らしくない」「いいね〜」「楽しいね」など。

『子どもの自己肯定感を高める10の魔法のことば』に書いた、子どもの自己肯定感を引き上げる言葉と同じです。実はこれらの言葉は、もともと大人向けの言葉なのです。これまで多くの親御さんが実践され、その効果が報告されています。

これらは心で思うだけでなく、音声にして耳から聞くことがポイントです。口にすることが恥ずかしいと思うかもしれませんが、使っているうちに効果がわかり、慣れていきます。「自分を認めてあげることができるのは自分だけ」というスタンスでされてみるといいと思います。言葉には大きな力があります。

## 方法4 考え方を変えることで自己肯定感を上げる

### 4-1 自分よりも弱い立場、不利な立場に目を向ける

例えば今、戦争に巻き込まれている人たちのことを考えてみます。すると、少なくともそのような人たちよりも自分は満たされた生活ができることに「感謝」できます。また違う時代、例えば太平洋戦争中に生まれていたらどうでしょうか。当時の方々の生活は筆舌に尽くし難いものがあります。その方々と比べて自分はどうでしょうか。今ここに安心して暮らせる状況があると思えると「感謝の念」が出てきます。〝もっともっと〟と上を目指し、そこに至れない自分を創り出したり、周囲の人と同じでなければならないと頑張ってみたりすると、この感謝の念は出にくいと思います。

幸せな人の共通点に「感謝できること」があります。どうしても他者と比較してしまう傾向があれば、自分よりできる人たちばかりを見るのではなく、そうではない世界の人たちと比べてみることもできます。すると、「どれだけ自分は満たされているんだ」と今の自分を肯定することができると思います。

## 4-2 幸福で成功していると思える人でも、何か悩みを抱えていると考える

「隣の芝生は青く見える」と言います。まさに言い得て妙で、人はそれぞれ何か悩みを抱えていたり、ネガティブな感情に支配されたりすることがあると思います。人の幸せそうな様子を見て、素直に喜べる人がいる一方で、そうではない自分にモヤモヤの感情がでる人もいます。人は人、自分は自分と言われても納得できないこともあるでしょう。現代ではスマホから情報を入手することが多く、ＳＮＳでは華やかな人や成功者が目立ちますが、実はそういう人も苦労していたり、凹むことがあったりします。

子育てでも同様です。例えば、子どもが難関中学に合格したあるママさんは、子どもがその中学で下位クラスとなり、悩みの日々が続いています。子どもが読書好きでスポーツもできるけれども、その子のコミュニケーション能力を心配し、日々悶々としているママ

さんもいます。他人から見たら羨ましいと思うことでも、当人たちはそうではないということがあるのです。

以上、いかがでしょうか。自分だけがダメなんじゃないだろうかと思ってしまうこともありますよね。でも人間、皆そんなに強いものではありません。なんとかやっているのです。とても明るくて悩みなんてないように見える人が、実は過去にひどいイジメにあっていたとか、毒親に育てられてトラウマになっているとか、それぞれ抱えているものがあります。それでもマイナス状態だけだと辛くなっていくので、自分なりに何か工夫をしていきます。すると、徐々に過去は癒やされ、現在は幸せになっていくのです。

子育て中の親は特に自己肯定感が下がりやすいと思いますが、自分だけじゃない、実際は皆自分と同じなんだと思ってください。そして、先に書いた方法のいくつかを試してみてください。じわじわと変わっていきますよ。

# 一人で悩まず、コミュニティの力を利用する

近年、コミュニティの重要性が言われています。コミュニティとは、地域や共通の目的や興味などによって結びついた人々の集まりを指す言葉で、趣味のコミュニティ（サークルなど）もあります。コロナ禍ではオンラインコミュニティもたくさん生まれました。

かく言う私も、２０１６年から始めたMama Café、コロナ禍からMama Caféラジオ（Voicy）、Mama Caféコミュニティ（オンラインサロン）などを主宰するようになりました。これらはある種のコミュニティとなっています。

子育ては特に孤独になりやすく、また悩みがあってもなかなかそれを相談できる人がいないと辛いものです。「ママ友といると焦りを感じる」「ママ友との折り合いが悪い」という人もいて、ママ友がコミュニティの代わりになるとは限らないこともあるようです。

ですから気軽に相談ができたり、情報共有ができたりする「場」があると安心できるの

ではないかと思います。しかし、その安全、安心な場であるコミュニティが弊害になることもあるので、選択には注意を要します。

コミュニティの判断基準としては以下の3つを満たせば良いと思います。

## 良いコミュニティ

### ① 居心地がいい

居心地がいいとは、人の悪口や不平が横行しておらず、心や気持ちが上がるような場であることです。もちろん、学びがあればなお良いと思います。

### ② 安価である

月額が高く良質のコミュニティもありますが、一般的には安価であることは重要な条件だと考えています。無料で良質のコミュニティもありますが、無料だからという理由で入ってくる人が多くなると、コミュニティの質を保つことが難しくなるため、やがて衰退する可能性もあります。

### (3) いつでも入れ、いつでもやめられる

コミュニティは入退会自由なことが大切です。コミュニティルールを予めしっかりと把握しておく必要があります。

一方で、注意した方がいいコミュニティについても書いておきます。

## 注意した方がいいコミュニティ

### (1) 恐怖を煽る

恐怖を煽ることでコミュニティに滞在させようとしている場合は注意が必要です。本来のコミュニティは居心地が良く、恐怖や不安、焦りがない環境であるはずです。

### (2) 入会後に高額サービスなどを売ってくる

安価で入会しても、その後高額なサービスや物品を買わせようとしてくるケースもあります。必ずしもそれらが悪いものとは限りませんが、商売のためにコミュニティを運営しているとしたら注意が必要です。本来コミュニティは商売の場ではありません。

### （3）見栄を張らないといけない

コミュニティメンバーたちがキラキラ輝き、頻繁にSNSなどに投稿していたり、さらにそれを強要されるとしたら注意が必要です。本来の自分が心置きなく出せて、安心な気持ちになれるところを探しましょう。

### （4）やめにくい

一旦入るとやめさせてもらえないとしたら注意が必要です。そもそも入退会は自由であるはずですが、事前にコミュニティルールを確認しておきましょう。

### （5）自身の商売の勧誘をしてくるコミュニティメンバーが複数いる

コミュニティには、自分の商売をするために入会してくる人もいます。基本的にはコミュニティルールで禁じているはずですが、それを無視して勧誘してくる人もいます。このようなメンバーが放置されているコミュニティは注意が必要です。

### ⑥ 他者の不満、不平、愚痴をいつも投稿しているメンバーが複数いる

ネガティブな気持ちがポジティブに変わっていくのがコミュニティの役割のひとつですが、「不満、不平、愚痴」を頻繁に発言・投稿するメンバーがいるコミュニティも要注意です。

以上のようなコミュニティは要注意ですので、予めチェックしておくといいと思います。それがなければ、コミュニティほど有効な場はありません。

# 親自身の人生の目的を確認しよう

いよいよ本書も最後になりました。これで私からのお話は終わりになります。最後にお伝えしたいのは、「親自身が自分の人生の目的を確認して、自分らしい人生を作っていこう」という内容です。

この内容は意外だったかもしれませんね。子育ての話なのに、なぜ親の人生について？と思われたかもしれません。

**親は、子どもを育てるためだけに存在しているわけではありません。**

親としての役割は子どもを育てることですが、親も一人の人間です。ですから、当然のことながら、親にも人生の目的があり、才能・能力があり、それを発揮した潤いある人生を生きていく権利があります。

もちろん、子どもがまだ乳幼児であれば、自分の時間はかなり制限されるとは思いますが、子どもが成長するにつれて徐々に時間は増えていきます。ですから、子育てを含めた自分の人生は何のためにあるのかを考えてみることをお勧めします。

親がそのように考えることで、子どもにも良い影響があります。何しろ親が活き活きしていきますからね。自分が充実すれば、周囲も充実してきます。

実際にやりたいことがあっても、時間的にできない状況もあると思います。そのようなときは、構想として持っておくだけでもいいと思います。いずれにしても、「希望」「楽しみ」「ワクワクできること」にフォーカスしていくといいでしょう。

そうは言っても、自分の人生の目的なんて、そんな大仰なことを考えるのは難しいと思う人もいるかもしれません。そうした方は、次の10項目の中で答えられそうなものがあったら考えてみてください。「大人が自分の才能・能力、やりたいことを見つけるための10の問い」です。

## 大人が自分の才能・能力、やりたいことを見つけるための10の問い

### ①これまでの人生で一番お金と時間をかけてきたのはどの分野ですか？

過去を振り返って、一番時間をかけてきたこと、お金をかけてきたことは何でしょうか。その中に自分のやりたいことが含まれていたりします。

### ②子どもの頃に熱中していたことは？

例えば、ものづくりに夢中になっていたとしたら、自分のやりたいことはその分野にあるかもしれません。アナログのみならず、デジタルで作ることも含みます。

### ③今はどういう瞬間に心がワクワクするか？

例えば、子どもと対話をしているときがワクワクするのであれば、まずはそれを日記に書いたり、ブログに書いたりすることから始めてみるのもいいかもしれません。

### ④人がやっていて羨ましいこと

羨ましいということは、自分もそれに興味関心があるからです。自分でもやってみると

意外な一面に気づくかもしれません。

**（5）毎日継続してもいいことは何でしょうか？**

毎日やっても疲れない、当たり前のようにやれることは、自分に与えられた才能や能力に関係しているかもしれません。

**（6）趣味の延長で考えてみる**

例えば、昔から絵を描くことが好きで、今もイラストを描いているのであれば、それはもしかしたら自分に与えられた才能かもしれません。そのイラストに惹かれる人が世の中にはたくさんいるかもしれないのです。

**（7）自分の過去の経験を仕事に加工していく**

例えば、リーダーを務めた経験が多いのであれば、自らリーダーシップを発揮して新しいことを始め、そこに興味関心がある人を巻き込んでひとつのチームを作ることができるかもしれません。

**⑧ 自分が「人と違う」と思った分野・特徴**

人と違う部分を、今まで負の側面と勘違いしていたかもしれません。しかし、それは自分の長所だったと気づくこともできます。

**⑨ 世の中のこと、一般の人がやっていて疑問を持ったこと**

疑問を持つということは興味関心があることの表れです。例えばレストランに入って、店員の接客がいつも気になるというのであれば人材育成に、料理が気になるのであれば料理に、集客が気になるのであればマーケティングに、お店の経営状態が気になるのであれば経営者または経理財務に才能や能力があるかもしれません。

**⑩ これまで辛い経験があれば、なぜそのような経験をしたのかを考えてみる**

例えば、過去に大病をしてお医者さんや看護師さんの懸命の治療・看護によって快復した子が、自分も医師になって多くの患者さんを助けたいと思うようなケースです。自分の過去を振り返って、逆境だったと思うことがあれば、そこにヒントがあるかもしれません。

以上、これらは子どもに適用できる項目ももちろんありますが、ある程度の年数、人生を歩んできた人の方が考えやすいでしょう。

このように自分の才能や能力を活かして活動していると、人は生きがいを感じ、自ずとポジティブになっていきます。

ママさんもパパさんも、自分の人生を大いに楽しんでいきましょう。もちろん、子育て中は子どもと一緒に。

# おわりに

本書もいよいよ最後となりました。

もともと本書は「子どもが生まれたらまず読んでもらいたい一冊の本」というコンセプトで私が構想しました。というのも、講演会やMama Caféで、「もっと早く知っていたら……」という言葉をこれまで数多く聞いてきたからです。知ることに遅すぎるということはなく、知ったときが最も適切なタイミングなのですが、それでも、少しでも早く知っていたら、そんなに長期にわたってイライラせずに済んだ可能性はあります。

ただ「一家に一冊の本」にするには、子育てのハウツーだけを集めた本ではなく、原則という形で、根っこをおさえてしまう本を作る必要があると考えていました。私が子育て相談を受けて回答する源は、この7つの原則から発しているからです。ですから、この7つを念頭においていれば、ほぼすべての悩みはご自身でも解決できると思っています。

ただ、一方で本書を読み終わって、「原則という割には、なんかたくさんあって、お腹いっぱい、頭パンパン」と思う人もいるかもしれませんね。書籍という形で誤解なくわかりやすくお伝えするには、これくらいのボリュームにはなります。というのも、人によって、時期によって、どの部分が心にヒットするかわからないからです。悩みの質も量も人によって異なります。

でも情報量が多いと混乱する可能性があることは、49ページ「本やネットで情報を得るときのポイント」で書いた通りです。情報がたくさんあると「あれも注意しないと、これも注意しないと、あれをやらないと、これもやらないと」となってしまう可能性があります。ですから、今の自分に必要なことだけに絞って、試しに実験的にやってみる感じでされてみてくださいね。図鑑や辞書に書いてあることを全部覚えようとしないのと同じように、この本もそのように使ってください。

子どもの年齢に応じて、悩みの内容はどんどん変わっていきます。悩みとまではいかなくても、自分がモヤモヤしているときも、この本を子育てのお供にお役立ていただけると幸いです。

さて、最後にどうしてもこれだけはお伝えしたいことがあります。これから子育てを始める方、子育て真っ最中の方へのメッセージです。

**愛情を持って育てたならば、その子は絶対に大丈夫です！**

これは35年間、膨大な数の親子を見てきた私の結論です。大丈夫ですから、安心して子育てをしていってください。一時的にうまくいかないこと、不安、焦りが出てくることもあるかもしれません。しかし、最後はその子らしく、しっかり生きていきます。

では、本書を次の言葉で終わりにしたいと思います。

**親自身が自分の人生を楽しみましょう。**

**すると子どもが変わり、未来が変わります。**

石田勝紀

**石田勝紀**（いしだ・かつのり）

1968年横浜生まれ。教育者、著述家、講演家、教育評論家。Yahoo!ニュース公式コメンテーター。国際経営学修士（早稲田大学）、教育学修士（東京大学）。

1989年、20歳で起業し、学習塾を創業。4500人以上の子どもたちを直接指導する。35歳で東京の中高一貫私立学校の常務理事に就任し、大規模な経営改革を実行。2016年からは「カフェスタイル勉強会～Mama Café」という子育て・教育の学びの会を全国で年130回以上主宰し、これまでに1万3000人以上のママさんから直接相談を受けている。

著書は『勉強しない子には「1冊の手帳」を与えよう!』（ディスカヴァー・トゥエンティワン）、『子どもの自己肯定感を高める10の魔法のことば』（集英社）他多数。東洋経済オンライン連載「ぐんぐん伸びる子は何が違うのか?」が、累計1.3億PV。音声配信メディアVoicy「Mama Caféラジオ」は、1400日以上連続配信しており、フォロワー数は1万6000人を超える人気番組となっている。


**10年後《ねんご》、どんな親子関係《おやこかんけい》でいたいですか?**

**子《こ》どもを育《そだ》てる7つの原則《げんそく》**

2024年7月31日　第1刷発行

著者　石田勝紀《いしだかつのり》

発行者　佐藤 靖
発行所　大和《だいわ》書房
東京都文京区関口1-33-4 〒112-0014
電話 03-3203-4511

装丁　鳴田小夜子（KOGUMA OFFICE）
イラスト　山内庸資

本文印刷　光邦
カバー印刷　歩プロセス
製本　小泉製本


ISBN978-4-479-78611-5

http://www.daiwashobo.co.jp